福沢諭吉霊言による

「新・学問のすすめ」

大川隆法
Ryuho Okawa

第2章の霊言は、2010年3月3日（写真上・下）、幸福の科学総合本部にて、
質問者との対話形式で公開収録された。

まえがき

いま、教育界が退行現象《たいこうげんしょう》を起こしている。ありていにいえば、教育界の堕落《だらく》・沈滞化《ちんたいか》が、代替教育費用捻出《だいたいきょういくひようねんしゅつ》のため少子化を生み、学力不足が産業界の国際競争力の発展を遅らせ、国家経済を財政赤字にし、さらに銭食《ぜにく》い虫《むし》の親不孝者を大量に育てて、老後の介護《かいご》費用（投入税金）を増大させている。

正しい人間観にもとづく教育維新《きょういくいしん》が必要である。このたび、『福沢諭吉霊言による「新・学問のすすめ」』を刊行するにあたって、天上界の福沢諭吉先生からは霊言による多大のご指導を頂いた。感謝の念にたえない。

二〇一〇年　四月

旧・福沢諭吉邸跡《ていあと》に建てられた、「幸福の科学」・『教祖殿』にて記《しる》す。

幸福《こうふく》の科学《かがく》グループ創始者兼総裁《そうししゃけんそうさい》　大川隆法《おおかわりゅうほう》

福沢諭吉霊言による「新・学問のすすめ」　目次

第2章　福沢諭吉霊言による「新・学問のすすめ」

二〇一〇年三月三日　福沢諭吉の霊示

5　学問に情熱を注ぐことの意義　98

6　「日本人の学力の復活」への指針　113

10 **幸福実現党の政策について**　171

第1章

福沢諭吉《ふくざわゆきち》の霊言《れいげん》

――霊界事情と教育論・男女観

二〇〇五年二月二十七日　福沢諭吉の霊示

福沢諭吉《ふくざわゆきち》（一八三四～一九〇一）
明治時代の思想家・教育者。慶応義塾《けいおうぎじゅく》の創立者。

1 私《わたくし》が見た「霊界《れいかい》事情」

没後《ぼつご》百年を超《こ》えて〝霊界紀行〟を語る

福沢諭吉です。

このたび、こういうかたちで、私《わたくし》の霊言《れいげん》を録《と》っていただくことになりました。

私は、生前、霊的なものには、さほど関心を持ってはおりませんでした。

また、今、下界では、私が一万円札の肖像《しょうぞう》になっておるそうですから、どうやら、私は、まあ、「福の神」「物質の神」と思われているようですね。

しかし、晩年には、宗教の効用を少し感じてはおったのですけれども、どちらかというと、実用主義、西欧《せいおう》の合理主義の効用を説いていたので、あまり宗教的な人間とは思われていなかったでしょう。

ゆえに、慶応義塾《けいおうぎじゅく》の卒業生の諸君も、あまり神仏への信仰心《しんこうしん》は持っておらぬかもしれません。

まあ、それはそれ、没後《ぼつご》百年を超《こ》えて、私も、こちらの世界、すなわち、霊界にて、さまざまな経験をしてまいりました。

生前は、アメリカに渡《わた》ったり、ヨーロッパへ渡航《とこう》したりと、いろいろな経験を積みましたけれども、死後の霊界の旅というのも、まあ、ある意味では、同じようなものでしょう。

これは、「西洋紀行」に代わる、〝霊界紀行〟とでも言うようなものでしょうかね。そんなことを感じています。

まあ、今日《きょう》は、こちらへ来てからの感想と、こちらに来てから考えている、教育についての意見の一端《いったん》でも、お話しできれば幸いかと思っております。

霊界の様子は、まことに驚《おどろ》くべきもの

　さて、生前は説かなかった「霊界の様子」についてですけれども、まあ、驚《おどろ》くべきものですな。

　私は、「霊界、あるいは霊の世界というものは、魑魅魍魎《ちみもうりょう》、妖怪変化《ようかいへんげ》、幽霊《ゆうれい》の跋扈《ばっこ》する、迷信の世界か」と思っておりましたけれども、いやあ、これはこれで、一つの、新しい、宇宙法則に基づく世界であったんですね。驚きました。

　あなたがたの世界における、経済の法則や科学の法則とは別に、死後の世界にも法則があって、それに則《のっと》って存在する生命があり、生活圏《せいかつけん》があるというのは、まことに驚きでありました。

　今（二〇〇五年当時）、下界では、義塾出身の者たちも活躍《かつやく》しておるようです。橋本君とか小泉君とか、総理を経験した人も出てきています。

「私の教えは、ずいぶん高く評価されるようになってきた」と感心してもいるんですが、いかんせん、「信仰心や霊界について、ほとんど説かなかった」ということが残念です。「迷信扱《あつか》いした」ということは、やや私の知識不足のせいではあるけれども、まあ、残念であったと思います。

幕末から明治維新《いしん》にかけてのころは、西洋のほうも、そうした科学、文明開化の時代で、霊界ものが流行《はや》っているというほどのものでもなく、どちらかといえば、そういうものは日陰《ひかげ》のものであり、「いかに国を発展させるか」「いかに個人を高揚《こうよう》させるか」というようなことに主眼があったと言ってよいでしょう。

ただ、こちらの世界に来て、つくづく考えるに、やはり、「自己の修養ということは非常に大事であり、その意味で、個人の努力、それから、努力の方法論、そういうことについての研究は大事だけれども、向かっていく方向として、究極の神なり仏なりというものはあるのである」ということには、驚きを禁じえません。

仏といわれるものにも会ったし、神と称《しょう》されるものにも会ったし、西洋的に天使と称されるものにも会いました。驚きです。驚きではあるけれども、「自らもまた、そういうものの一員である」ということが二重の驚きです。

当時、百年余り前において、明治維新を成し遂《と》げ、文明開化の世をつくるに当たって、天使や光の指導霊などといわれるものが、たくさん、この日本の地にも降りたわけだけれども、「私も、そのいくたりかの光の指導霊の一人であった」ということを聞いて、名誉《めいよ》であると思うとともに、驚いています。

「ものを考える、光のエネルギー体」が宇宙の根本材質

こちらの世界は、そうだねえ、言ってみれば、「思いだけ」「考えだけ」というものがある世界かな。そして、「その考えが物理学的な一種の法則に則って存在

する」という世界かな。

霊というものについて、「もやもやとした不可思議なもの」という考えもあるが、「一種の、光のエネルギー体」と考えればよいだろう。その光のエネルギー体が、「ものを考える力」を含《ふく》んでいる。まあ、このように思っていいだろう。

その、「ものを考える、光のエネルギー体が、実は、宇宙の根本材質であったのだ」ということだな。

霊界は、そういうもので成り立っており、それが、地上において、もう少し、凝結《ぎょうけつ》、凝固したかたちというか、固まったかたちとして、物質、物体というものになるということだな。

ちょうど、天使の世界は、水蒸気の世界のようなものだ。それが冷やされて水になり、水が固まると氷になる。この世の三次元、あなたがたがいる世界は、その氷のような、固まった世界だな。氷の芸術とか、氷でつくった家だとか人形だとか、そういうものもあるけれども、そのように、固まったもののように見える。それが解けて水になると、死後の世界、死後まもなくの幽界だとか、狭《せま》い意味での霊界だとかいわれる世界になる。

それが、さらに悟《さと》りを得て、高度に精妙化《せいみょうか》され、調和されると、液体の水が水蒸気になるように、性質が変化して、高次元《こうじげん》の、光の指導霊や天使、菩薩《ぼさつ》、仏や如来《にょらい》といわれるようなものになるわけだ。

それが、大雑把《おおざっぱ》に言って、あの世の見取り図だな。

日本は「宗教の先進国」になる運命を担《にな》っている

そういう霊界への信仰が、生前、十分に説けなかったことを、とても残念に思っている。

ただ、半面、この世のみの合理性を追求したが、「それによって国が発展し、世界の一大強国となり、世界全体の進歩に貢献《こうけん》できている」ということについては、非常にうれしく思っております。

そのための貢献は私もなせたと思っております。

『学問のすすめ』や『西洋事情』、その他《た》、いろいろな文献を著《あらわ》して、世間を啓《けい》蒙《もう》できたことが、私の大きな功績ですが、「それによって、日本が近代国になり、世界の一部として、強国として存在あらしめて、日本の国を、かつてないほどの繁栄《はんえい》に導けた」ということは、まあ、うれしいことですな。

経済の原理が中心で、やや精神性が足りないので、軽く見られているところは、なきにしもあらずであるけれども、「経済先進国であると同時に、やがて、宗教の先進国にもなる」という運命を担《にな》って、今後、ますますの発展・繁栄が見込《みこ》めるのではないかと思っております。

2　学歴社会の現状をどう見るか

人によって資質や才能に違《ちが》いがある理由

さて、私の生前の活動は、いろいろありますが、「啓蒙家《けいもうか》、教育家として功績をあげた」と、自分では自負しております。

そこで、「霊界《れいかい》に還《かえ》った福沢諭吉として、啓蒙や教育について、今、どのような考えを持っているか」ということの概略《がいりゃく》を、かいつまんで述べておきたいと考えます。

少なくとも、「ちょんまげ頭の、日本刀を腰《こし》に差した人が、跋扈《ばっこ》する世の中」でなくなったことは、良いことだと思います。

剣《けん》の腕《うで》の強さ、あるいは、生まれつきによって決まる階層社会、武士の社会のような封建《ほうけん》社会ではなくなり、「すべての人が、学問の自由や言論の自由、信教の自由を与《あた》えられて、自分の職業を選び、向上していけ、また、経済的な繁栄《はんえい》も目指せる、自由の世の中になった」ということは、とても良いことだと思います。

私が、「天は人の上に人を造らず人の下に人を造らずと言えり」と言ったとおり、「あらゆる人が、赤《あか》ん坊《ぼう》として生まれてから大人になるまでの間《あいだ》に、いろいろな可能性を与えられた」ということは、ありがたいことで、素晴《すば》らしいことでしょう。

ただ、残念ながら、生まれながらの、資質の違《ちが》い、才能の違い、能力の違いのようなものは、ないわけではないでしょう。それは、「生物として、生き物としての両親が、それぞれ違うから、まったく同じ性質や能力の子供ができるわけではない」ということが第一の理由だね。

だから、両親の能力や才能、容貌《ようぼう》等を受け継《つ》ぐから、それぞれの子に、違いがあるのは、やむをえないだろう。

もう一つは、こちらに来てから悟《さと》ったことではあるけれども、過去の転生《てんしょう》の過程で蓄積《ちくせき》した、魂《たましい》の力、能力というものは、やはりあるようだ。

過去世《かこぜ》で、例えば学問に励《はげ》んだ人であれば、今世《こんぜ》に生まれても、学問的方面に関心を持つのは当たり前だな。「過去世で勉強をあまりしなかった人は、今世に生まれても、やはり、勉強に不熱心になったり、熱心な勉強家になるのになかなか苦労したりする」ということも一種の事実だろう。

だから、両親からの遺伝による能力の違いと、それから、前世《ぜんせ》から積み重なった、まあ、業《ごう》とでも言うか、仏教的な因果応報《いんがおうほう》とでも言うべきものはある。これは間違いないな。

さらには、生まれてからあと、子供時代、大人になるまでと、もちろん、大人になってからの訓練、経験というものがある。大きく言えば、学校時代と職業時代かな。これらの知識、経験によって、人間は別種のものとなっていくだろう。だから、私が今見るに、「両親の遺伝的な性質」、それから、「前世での魂の才能や傾向性《けいこうせい》」、さらに、「今世での環境《かんきょう》要因」と、大きく言って三つの柱が、個性の違い、個人の天分の違いになっているということは言えるのではないかと思う。

今の学歴社会は明治の藩閥《はんばつ》制度のようなもの

ところで、今、下界を見るに、ものすごい学歴社会にはなっている。私たちの明治維新《いしん》前後の時代にはなかったものだ。そのころは私塾《しじゅく》であったようなものが、今は立派な学校になって、大学にまで成長している。そして、大学に至るまでの間《あいだ》に、高校や中学、小学校その他《た》、さまざまな学校が乱立して、鎬《しのぎ》を削《けず》っている。さらには、学校以外に塾とかいうものがあって、それが、夜、子供たちに激しく厳しく勉強させているようだ。そして、塾の指導によって、進学する学校を選ぶ。そういう偏差値《へんさち》社会というようなものが出来上がってきている。

塾の大きいものとして、さらに予備校のようなものもある。

こういう、非常に学歴偏重の世界ができていて、その学歴が、また、それぞれ職業を分けて、現代の身分制のようなものができているわけだな。

こちらは、江戸《えど》時代の、「生まれつき身分が決まっている」というようなものよりは、まだ本人の努力が影響《えいきょう》している面はあるので、良いとは思うが、それでもまだ親の努力や財力というようなものも影響しておるし、親の学歴も、子供には、かなり影響しておるようだ。

「さまざまな条件の違いを前提にしながら、激しく個人間の競争が行われている」というのが実情かな。

では、「霊界の福沢諭吉は、この現状をどう見るか」ということだな。これについて、一言、言っておかねばならんが、あまりにもはっきりとした学歴社会になっていること自体は、そう好ましいことではないと思われる。

だから、出身校が重視される学歴社会は、明治で言えば、いわゆる藩閥《はんばつ》制度のような感じでしょうか。「薩長土肥《さっちょうどひ》」という、明治維新を起こした雄藩《ゆうはん》の出身者が、明治政府で役人になって立身出世したり、政治家になったりして活躍《かつやく》しましたが、そのへんの不平等感は、すごくありましたね。

だから、廃藩置県《はいはんちけん》をして、すべての藩を潰《つぶ》し、民主主義の世の中にしようとしたが、維新の立役者《たてやくしゃ》であった、そういう藩の出身者が立身出世をした「藩閥の時代」は、明治の間、まだまだ続いていたように思います。

その雄藩に代わって、東大だとか京大だとか、慶応《けいおう》、早稲田《わせだ》、そんな学校がたくさんできてきて、その卒業生たちが一種の閥をつくり、官界、財界、政界、学界等を牛耳《ぎゅうじ》っている。そのようなかたちかな。

努力した者が認められる世界は、いい世界なのだが、「あまりにも先入観が強くて、水戸《みと》のご老公の印籠《いんろう》のように、その学歴を見たら、誰《だれ》もが『ははーっ』とかしこまる」という世の中では、若干、困る。やはり、もう少し柔軟性《じゅうなんせい》が必要かもしれませんな。

そういう、「人を分類して分別《ぶんべつ》する」というだけの学歴の機能には、やはり、さみしいものがあるなあ。

努力して達成した結果を、あるいは、「本人の頭が良かった」ということを、一種のお墨付《すみつ》きとして認められることは、若い人には、励みになって、いいことだろうとは思うけれども、それが、一生のもの、「島送りの墨が入った」というようなものになったのではいかん。

「学歴の効用」より「学問の効用」を大事にせよ

だから、学歴には、一種の、そうだなあ、三十歳《さい》ぐらいまでの人間の精進《しょうじん》を判定するものとしては、ある程度の効用はあるが、三十歳を過ぎた人は、やはり、別の基準で自己評価をし、他人の評価をし、世間でも認定するようなことが大事ではないかな。

社会に出てからの、知識、経験、努力、実績、そういうものがあるだろう。それらを、一度、三十歳を過ぎたら見直してみる必要があるな。

さらに、四十歳、五十歳という、管理職と言われる年齢《ねんれい》になれば、やはり、生《せい》来《らい》の器《うつわ》、器量というものも出てくるし、実績も出てくるだろう。大勢の人を引っ張っていける実績というものも出てくるだろうから、そういうものを、十年、二十年に一回、見直すぐらいの目は必要だし、そのときに、白紙にする気持ちも大事だな。

だから、私としては、「学歴の効用」よりは、やはり、「学問の効用」のほうを勧《すす》めたいと思う。

勉強する力は大事だ。また、勉強する心は大事だ。さらに言えば、「学生時代だけではなくて、社会人になってからも学び続ける」という姿勢が、とても尊いと思う。そういうことについては強く肯定《こうてい》しておきたい。

ただ、何というか、馬の血統書ではないが、「〝血統書〟のための学歴では、やはり、さみしい」と、「本人の過去を表すものではあるけれども、それだけではいかん」と、こう思っておる。

だから、若い人の勉強としては、今あるようなものしかないかもしれないが、「ときおり、その人の努力・精進、達成度を見直してみて、人間の評価を変える」という気持ちが大事ではないだろうか。

それを言っておきたい。

その意味で、今、第二次大戦のあとの高度成長期が終わり、かつての有力企業《きぎょう》が没落《ぼつらく》し、再編されて、また、新しい無名の企業が大きくなり、そして発展していこうという姿は、望ましく、そこに、新しい能力がある人たちが出てくるということは、いいと思う。

この二〇〇〇年を境にして、人材選びの価値観は大きく変わってくると思う。今の世の中は流動的なので、変化に対応できる柔軟な考え方ができる人、変化しながら学び続けられる人が、必要になってくると思うね。

二十一世紀の日本は、まだまだ、そう簡単には没落しないだろう。太平洋圏《けん》のリーダーとして、多くの国々を指導していく立場には立つだろう。そういう意味においては、まだまだ先はあるし、先があり続けるためには、教育制度を充実《じゅうじつ》させて、努力する人をつくっていかねばならないと思っている。

3　女性の生き方をどう考えるか

天上界《てんじょうかい》の意見は、まだまとまっておらず、〝文明実験中〟である

さて、もう一つ気になっていることがある。それは女性の問題だ。

女性は、今、非常に強くなってきており、高学歴となり、社会進出をし、職業で認められ、お金を儲《もう》けられる女性が増えてきている。

その半面、結婚《けっこん》したくない女性も数多く出てきて、さらに、子供を産みたくない女性、家庭を持ちたくない女性が多くなってきて、男女共に独身も増えてきた。

女性が仕事で自己実現をするためには、夫や子供、家庭というものは邪魔《じゃま》になってきた。

さあ、これを福沢はどう考えるか。

慶応義塾《けいおうぎじゅく》にも女子学生諸君はいるし、卒業生には実社会で活躍《かつやく》している人もたくさんいる。一歩を進めて、日本社会がアメリカ社会のようになるのがいいのか。また、そうならざるべきであるか。日本的伝統を守るべきで、反省すべきであるのか。これらが議論として分かれるところだな。

もちろん、天上界《てんじょうかい》の意見は、全部まとまっているという状況《じょうきょう》にはない。それは事実だ。新しい、ここ数十年のことであるので、はっきりとした基準が立って、「絶対、これが善で、これが悪」というほど決まったものはなく、まだ、大きな目で見て〝文明実験中〟であることは事実だ。

もとより、女性に生まれることが、生まれつき損になるようになっておるならば、「天は人の上に人を造らず人の下に人を造らず」と言っても、虚言《きょげん》になって、「女に生まれたら身分が低く、男に生まれたら高い」というかたちになってしまうからね。

あるいは、「その男女の差は、性別の差、種類の違《ちが》いであって、上下ではない」と考えられるか。それとも上下の差として考えられるか。父と母の立場は違うか。夫と妻の比重はどうなるか。いろいろと未解決問題はある。

さらに問題なのは、結婚しない女性、それから子供を産まない女性が増えたと同時に、離婚《りこん》も増えてきたことだな。離婚が日本でもほぼ四割に達したそうだが、このままでは、やがて五割を超《こ》えるだろう。

「離婚が五割を超える」ということは、子育てに支障が出ることを意味していて、自分が親ではない子供とも住まねばならん時代がやってくる。

さらに、こうした状況が続けば、次の時代の子供たちは、年を取った両親の世話をしなくなるだろう。

また、子育てで悩《なや》む親がいる。「十代で大人化した早熟の子供たちとの生活に、苦しみを感じている親もいる」ということは言えるかな。

私が言えることは、「しばし文明実験が続く」ということだよ。

何かを得ようとしたら、何かを失う。どちらを得て、どちらを失うのがいいか。

この損得を、社会全体で、今、経験中だな。「失われているものが多い」と思えば、戻《もど》しが入り、「得られるものが多い」と思えば、そちらに進んでいくだろう。

そういうことで、おそらく、もうしばらく文明実験は続くであろう。

親子の絆《きずな》は大事だが、「独立自尊」も大事

そして、家庭を持たない半面、「いろいろな異性と自由恋愛《れんあい》を楽しむ」という種族も増えてきており、ホテル業の発展とも相まって、それらが夜の〝塾〟に変わり、夜の一時的な家庭のようなものが、あちこちで多発している。

これが善なるか悪なるか。現代において、どうなのか。いわゆる不倫《ふりん》事情を含《ふく》

めて、頭を抱《かか》えている状況だな。

私は、基本的には、一夫一婦で夫婦の絆《きずな》をしっかりし、しかも、「男女は平等」という観念を持って、子供と親とが一つの家族として絆を深めつつ、「次の世代をつくっていく」という使命感を持つことは大事だろうと思う。

ただ、何というか、「親は親、子は子」というところもある。親は子育てに熱心であってもよいが、老いてからあまり子供の世話にならんように、自分を鍛《きた》え、老後に備えておく必要はあると思うんだな。これも一種の「独立自尊」だ。

さらに、子は子で、親にあまり寄りかかるのではなく、いつまでも親の世話を受けたり、親から職業的なサポートを受けたり、親に金銭的に養ってもらうような状態が続いたりするようでは情けないので、やはり、「自分で学問をし、職業訓練を受け、よって立つ城をつくり、家庭を独自に営んでいく」ということは大事だな。

やはり、結婚を束縛《そくばく》と考える人もいるが、結婚することによって、親から独立を果たせ、「独立自尊」の世界に入れることも事実です。

結婚しないと、三十歳《さい》でも四十歳でも、「子供は子供」ということで、自立し切れない面もある。親の生きがいとなって、自立しない、三十歳、四十歳の子供がいることも事実だな。

それぞれ助け合う心は大事だけれども、「自分の足で立つ」「経済的に独立して、世間の一つの歯車として機能する」ということが大事だな。

妻の仕事や子育てについて、夫婦は結婚《けっこん》前によく相談せよ

さらに、夫婦に関しても、結婚《けっこん》は自由なのだから、職業を持って働きたい女性と結婚するか、家庭を守ってくれる女性と結婚するか、まあ、それは選べばよいだろう。

だから、結婚前の段階で、よく相談するんだな。よく相談して、やればよい。〝奥様族《おくさまぞく》〟と言われる人、すなわち、収入の高い男性と結婚し、子供を育て、専業主婦として優雅《ゆうが》な暮らしのできる人もいる。それは、そんなに悪い生活ではないだろう。

一方、「女性でありながら、職業を持って発展していける」ということも、そう悪いことではないだろう。

だから、結婚のときに、両者が合意できるかどうか、よく相談することだな。

ただ、女性が働くなかで、「一定以上の男性的な成功を求めながら、子育てをする」ということには、何らかの援助《えんじょ》が必要であることを意味している場合が多い。両親とか、あるいは、お手伝いさんとか、そういう人の援助がないとやれないことは事実だから、そこに、また一つの新しい階級制度が生まれるかもしれませんな。

だから、「男女同権になる反作用として、女性間の階級差別が生まれる」というようなことも、あることはある。

これも、一つの矛盾《むじゅん》としては矛盾なのだが、それをどう考えるか。学歴に応じて切り分けるか。「人間の偉《えら》さが違う」と考えるのか。「適性が違う」と考えるのか。あるいは、これを一夫一婦制の崩壊《ほうかい》と考えるのか。いろいろな考え方はあると思うが、難しい時代には入っている。

私としては、西洋型の一夫一婦制には、まだ、優れたところが多いし、男女平等、そして、「個人個人を尊重する」という、民主主義の観念にも適《かな》っているので、なるべく、その方向で考えるようにしながら、有害なところは取り除いていくという考えがいいだろうと思う。

そして、例えば、「子供を二人か三人、持つことを選ぶ」「子供を一人にする」「子供をゼロにして働く」などということのうち、どれを選ぶか、どういう価値観を選ぶかということは、本人の人生全体の評価と夫婦の話し合いによると考えてよいだろう。

「親孝行をしてもらう」とか、「死んだあと、先祖供養をしてもらう」とかいうような需要《じゅよう》が薄《うす》まっているようなので、確かに昔の価値観とは変わってきているのかもしれない。ただ、先祖供養の需要が薄まっても、「霊界《れいかい》はあり、魂《たましい》はある」ということへの知的探究ニーズは、まだまだ残ってはいます。

4　新しい時代に向けて

以上、いろいろと申し上げてきましたけれども、私が、今の時点で、みなさんに申し上げておきたいことは、「霊界《れいかい》はある」ということ、「あの世の生活が、まだある」ということ、「それも考えた上で、この世での啓蒙《けいもう》活動や実用主義の活動が必要だ」ということです。

「男女は平等」「個人は平等」、それを前提にして、自分を伸《の》ばしていく努力をしたらよいが、「それを、どのようにして、お互《たが》いに調整していくか。親子関係や夫婦関係を、どう調整するか」ということは、その結果の幸・不幸をよく考えながら、各自、自己責任をとっていくようにしなさい。

どれが正しくて、どれが間違《まちが》っているとは、今の時点では言えない。けれども、基本的には、「独立自尊」「自分の足で立っていく」という気持ちを持っていくことは、個性の尊重としては大事なことである。「自分の足で立ちながら、立派な個人として、社会を成立させていく」ということを考えていくがよい。

男尊女卑《だんそんじょひ》は間違いだけれども、男女が戦う世の中も間違いである。

親子関係は大事だけれども、親子が封建的《ほうけんてき》なものであってもいけない。新しい時代に向けて、あなたがたは苦労するだろう。しかし、今しばらく苦労されよ。あと五十年ぐらいは混乱のなかにあるだろうが、新しい、生きていく道を見つけていったらよいと思う。

とりとめのない話をしてきたけれども、私としては、少し、この世に対する感想を述べておきたいと思ったので、そういう話をしてみました。

最後に、一言、申し上げておくけれども、今、幸福の科学という、新しい運動が起きてきた。天上界《てんじょうかい》でも非常に大きな評価をしている。日本で、しっかりとした成長をし、やがて、百年後、二百年後、全世界に広がっていくことを、みな心待ちにしている。

どうか、日夜、そのことを胸に刻《きざ》んで努力していただきたい。そう思っている。

第2章

福《ふく》沢《ざわ》諭《ゆ》吉《きち》霊《れい》言《げん》による「新・学問のすすめ」

二〇一〇年三月三日　福沢諭吉の霊示

［質問者四名は、それぞれＡ・Ｂ・Ｃ・Ｄと表記］

1 「独立自尊の精神」とは何か

幸福実現党は「新・学問のすすめ」を政策として掲《かか》げている

大川隆法　今、幸福実現党では、新しい政策として「新・学問のすすめ」を掲《かか》げているようです。

そこで、まだ刀を差している人が多かった明治時代の初期に『学問のすすめ』を著《あらわ》された、福沢諭吉さんをお呼びし、「今なら、何をおっしゃるか」「今なら、どうお考えになるのか」という観点で、何か参考になるようなことをお聞きできればと思っております。

福沢諭吉さんは、宗教家とは違《ちが》うので、どのような感じで語られるかは分かりません。思想が明治時代で止まってはいないと思うのですが、現代について、どのように考えていらっしゃるかは、聞いてみないと分かりません。

おそらく、宗教家とは違う、実務的な考え方をなされるのではないかと思います。

では、呼んでみます。

（約三十秒間の沈黙《ちんもく》）

福沢諭吉さん、ご降臨たまいて、幸福の科学を指導したまえ。

福沢諭吉さん、ご降臨たまいて、幸福の科学を指導したまえ。われらを指導したまえ。

福沢諭吉さん、われらを指導したまえ。

（約二十秒間の沈黙）

福沢諭吉　福沢だが。

Ａ――　福沢先生、本日は、幸福の科学にご降臨くださり、「新・学問のすすめ」というテーマでご指導いただけますことを、心より感謝申し上げます。

私は、幸福の科学において活動推進の仕事をしておりますが、慶応義塾《けいおうぎじゅく》の幼稚舎《ようちしゃ》に入学後、大学の経済学部を卒業するまでの十数年、慶応義塾の一貫《いっかん》教育のなかで福沢先生の精神を学んだ者でございます。

本日、こうして、時空を超《こ》え、福沢先生からご教示をいただけるということで、本当に胸躍《むねおど》る思いでございます。どうぞよろしくお願いいたします。

福沢諭吉　はい。

A――　最初の質問をさせていただきます。

福沢先生の精神のなかで、いちばん大切なものの一つは「独立自尊の精神」だと思います。

大ベストセラーの『学問のすすめ』を読んだ、明治の若者の多くが、この独立自尊の精神を持って、近代国家・日本の礎《いしずえ》を築いてまいりました。

しかし、現代の日本の若者においては、大学を卒業したあとも、親にパラサイト（寄生）して生きる者や、「自分の生活ができればよい」というようなかたちで、志なく生きている者も数多く出てまいりました。

また、そういう時代でございますから、「気概《きがい》のない国家」という姿にもなっているかと思います。

慶応義塾は創立百五十周年を超《こ》えました。今一度、現代の若者たちのために、建学の精神とも言える独立自尊の精神について、また、国家における独立自尊の精神について、福沢先生よりご教示を賜《たまわ》れれば幸いに存じます。

今の慶応《けいおう》では「独立自尊」が〝自派閥他尊《じはばつたそん》〟になっている

福沢諭吉　うん。まあ、「今、慶応義塾《けいおうぎじゅく》が、私が教えていたころの塾に比べて、大きな大学になっている」ということは、うれしいことではある。

しかし、今、あなたは「建学の精神」とおっしゃったが、残念ながら、「塾の時代の精神は失われた」と感じております。

これほどの総合大学になるとは考えていなかったので、やや、私の思ったものとは違うものになっているようです。

エリートの養成所の一環《いっかん》として生き延びており、財界に人材を送り込《こ》んでいるところは、私の考えていたことと、そう大きくは変わらないところではあるけれども、いわゆる偏差値秀才《へんさちしゅうさい》というのか、勉強ができて、家にお金があり、少し貴族主義的な考えを持つタイプが、慶応に集まっているようだな。

あなたは、「幼稚舎から慶応だ」とおっしゃったけれども、ここは特に問題が多くて、私がいちばん嫌《きら》いだった門閥《もんばつ》制度に最もよく似たものが出来上がってきたような感じが、しないではない。

私は、身分制の打破のために、『学問のすすめ』を訴《うった》えたのだけれども、今の慶応は、どちらかといえば、「身分制をつくるための慶応」になっているような気がするな。

特に、大学からの慶応、高校からの慶応、中学からの慶応、幼稚舎からの慶応とあるが、下から長くいるほど〝偉《えら》い〟と思っているんだな。ところが、実は、下から上がった者ほど、出来が悪いんだ。それで、出来の悪い者ほど、威張《いば》っているわけだ。これは不思議だな。

だから、学問の力ではなくて、門閥の力を強めようとしているように見える。また、卒業生も、そうした門閥をつくろうとして、日夜、激しい努力を重ねている。門閥を縦と横に十文字に結んで、「打倒《だとう》、東京大学」で頑張《がんば》っているように、わしの目には映るな。

だから、ちょっと、わが志とは違うものがある。「独立自尊」という点から見たら、慶応の卒業生たちは、ちょっと違うチームワークを発揮されておるのではないだろうか。

ある意味で、独立自尊の「自尊」がないのではないかな。自尊ではなくて他尊《たそん》を求めている。他からの尊敬を求めていて、独立ではなく、〝自派閥《じはばつ》他尊〟というのが、今の慶応のあり方かな。

自分たちの派閥をつくって、他から尊敬される。これが今の慶応精神になっているようにも思える。

だから、私のころの思いとは、やや違いがある。

また、財界でのコネを育てて太くするための学閥が出来上がっているな。門閥に替《か》わり、学閥が幅《はば》を利《き》かせてきたような感じがする。

これは残念な傾向《けいこう》であるな。

慶応といったって、ピンからキリまであるさ。だから、個性の違いがなければいけないんだが、慶応は慶応で、みな同じようなカラーであり、世間から評価されることでもって満足しているやつらがたくさんいる。これは、ちょっと、わが精神に反するな。

「己《おのれ》自身で努力して究《きわ》める」が学問の基本

もともと私が蘭学《らんがく》を学んだころには、激しい競争のなかでの独習・独学というものが必要であったし、洪庵《こうあん》先生や厳しい方々のご指導も受けた。蘭学は教わったが、英語に関しては、かなり後発で、独学に近かったと思う。

やはり、学問の基本は、己《おのれ》自身で努力して究《きわ》めるところにあるんだ。

宗教では助け合いの精神が大事かもしらんが、わしは宗教を説いたわけではないので、「個人個人が、もっと自立し、自らが自らを励《はげ》まして努力し、学問の力で『士農工商』の世界を打ち破って、新しい人間観を獲得《かくとく》する」ということを望んだわけだ。

「人間は平等だ」という思想は、アメリカに行って学びもした。しかし、平等はいいが、平等のままでいいわけではないんだ。

「人間は生まれによって違いがある」というのは、あまりにも切ないことである。侍《さむらい》に生まれたか、商人に生まれたか、農民に生まれたか、こんなことで将来の学問の可能性や職業が限定されるというのは、あまりにも切ないことであるので、「人間が生まれにおいて平等に扱《あつか》われる」ということは、とても大切なことだと思う。

ただ、生まれにおいて平等であるが、取り扱いにおいて永遠に平等であってはならないと思う。そして、「その取り扱いの違いを、どこで出すか」ということは、基本的に、やはり、「学問の有る無し」だと思う。それが、人間の貴賤《きせん》につながるものであるし、いちばん公平な物差しでもあると思うんだな。

だから、この精神が、「生まれは農民であっても、あるいは石工《いしく》であっても、総理大臣になれるような世の中を開く」という力になったとは思うな。

慶応を〝身分の安定装置〟として使うのは独立自尊に反する

ただ、今の慶応は、どちらかといえば財界で強い。財界では、「経営者などの二世、三世は、慶応出身という肩書《かたがき》を付ければ、跡《あと》が継《つ》げる」というようなイメージを持っていることが多い。

だから、卒業証書さえ手に入ればよいのだろう。「そのなかに長くいれば長くいるほど、慶応生らしい」というのは、「長くいれば長くいるほど、遊んで暮らせる」ということを意味しているようだ。これには、わが精神とは違うものがあるな。

だから、慶応に入れるぐらいの身分の家に生まれた者は、その身分を安定させる安定装置として慶応を使っている。

これは、独立自尊とは何のかかわりもない精神である。まあ、あえて言えば正反対かな。残念ながら、正反対のほうに動いている。私の教えが間違っているか、私の教えを継《つ》いだ者が間違っているか、世間が間違っているか、それは、よくは分からない。

「慶応という名に一定の力が付いた」ということで、学校としては成功したのではあろうけれども、卒業生が、そうした門閥に替わるものをつくり始めたことは、何か悲しいなあ。うーん。悲しい。

あなたはよく知っておるだろうが、「幼稚舎からの慶応」の連中というのは、特に、浮世離《うきよばな》れした連中の山だな。世間のことがさっぱり分からないのに、自分たちを偉いと思っている、中空《ちゅうくう》に浮かんでいる存在だな。

そういう、砂上の楼閣《ろうかく》に住んでいるような人たちがほとんどで、自分たちの本当の実力が分からないんだな。そういうところにいて、いや、あえて、競争を避《さ》け、そうなっているところもある。

「早めにエリートに決めてしまうほど有利だ」という考えもあるのだろうけれども、独立自尊という言葉は死んだな、はっきり言って。

だから、「今、独立自尊が、どこで生きているか」を、あなたに問われるなら、むしろ早稲田《わせだ》のほうが独立自尊に近いのではないか。慶応のほうは独立自尊ではなくて、早稲田が独立自尊に近いな。あちらのほうが、自分の力で這《は》い上がってこようとしている人が、けっこう多いように私には思える。

慶応は、〝いいところ〟の子が集まりやすい学校になってしまっているので、まあ、しかたがない面はある。おそらく、「実学の精神」が、お金につながっていく「実利の精神」を生み、それが財界に影響《えいきょう》して、そういう循環《じゅんかん》ができたのかと思う。

私から見て、あえて、慶応の良いところを言うとすれば、東京大学などに比べ、「サービス精神の豊富な人間が多い」ということと、「経営精神のある人が多い」

というところかな。

そういうところはあると思うが、独立自尊に関しては、残念ながら、建学の精神から見て、すでに死語であると言わざるをえない。

A―― ありがとうございます。

2 「実学」と「信仰心《しんこうしん》」の関係

A――　次の質問に入らせていただきます。

やや質問しにくいことでもあるのですが、福沢先生のご生前のエピソードとして、「幼少時に、社《やしろ》のご神体の石を取り替《か》えたり、お札《ふだ》を踏《ふ》んだりして、低俗《ていぞく》な迷信は信じていなかった」というお話がございます。

こうした姿勢は、明治の文明開化に当たり、西洋的な合理主義精神や慶応義塾《けいおうぎじゅく》の実学の思想などにつながった部分はあると思いますが、一方で、現代人の宗教心を否定してしまい、唯物論《ゆいぶつろん》や行きすぎた科学的精神などにつながっている部分もあるかと思います。

現在、主エル・カンターレが下生《げしょう》され、幸福の科学では、科学的合理精神と宗教的な神秘思想を融合《ゆうごう》した新文明をつくろうとして、伝道に励《はげ》んでいます。

そこで、天上界《てんじょうかい》に還《かえ》られた福沢先生から見て、合理主義と信仰心《しんこうしん》のバランスに関して、現代であれば、どのような教えが必要か、教えていただければと思います。

実学とは「現実に役に立つ学問」のこと

福沢諭吉　おぬし、きわどいところに〝球〟を投げてきたな。まあ、それは、自分の首を絞《し》めることにもなる質問だろうとは思うがな。

慶応だけとは言えないが、卒業生を見ると、偏差値《へんさち》が上がれば上がるほど信仰心が低くなっていくのが現代日本の常なんだ。

だから、「実学のなかに、ずばり信仰心を見いだすことは難しい」ということだ。

現在の大学などでは、建学の精神が実学のほうに向いている。実学とは、「現実に役に立つ学問」ということである。

現在の大学などで見れば、宗教学、あるいは宗教学科は、役に立たないものの代表選手と言ってもいい。

「予算を確保するだけで、もう精いっぱい」というか、「教員の数と生徒の数が同じ」というところもあるらしいし、「教員はいるが、生徒がいない」というところまであるという。それほど役に立たない。

まあ、「役に立たない」というよりは、「卒業生に就職先がない」というのが現状なのではないかと思うな。「お寺さん以外には、ほとんど就職先がない」というのが現状かと思う。

私は実学の力による身分制打破を主張した

私の聞き及《およ》ぶところでは、「お釈迦《しゃか》様は、インドのカースト制度に対して、どちらかといえば、批判的な考え方を持っておられた」ということだな。「人は、生まれつきの身分よりも、修行とか、徳とか、悟《さと》りとか、そういうものによって魂的《たましいてき》な高下《こうげ》が決まる」という考えを持っておられた。

ただ、釈尊《しゃくそん》は、ずばりカースト制度の打破を目指したわけではないようには思う。

釈尊は、武士階級であるクシャトリヤの出身で、それより上に僧侶《そうりょ》階級（バラモン）がいて、それが、古来、インドの宗教の祭司階級になっていた。バラモンが宗教のプロであるから、宗教は、そこでしかできないような感じで、宗教が上だった時代もあるわけだ。

それに対して、士族出身の宗教家が出てきて、身分から自由な教えをいろいろと説き、宗教革命を起こしたわけだな。

今、インドでも仏教はかすかに生き延びてはおるけれども、主として、「カースト制度による身分差別等の打破をスローガンにした人たちなどに使われている」と聞いておる。

私の場合は、「学問の力、実用の学の力によって、生まれによらず、身分によらず、収入によらず、自分の職業も開ければ、人生の設計もでき、また、親とは別の人生を生きることができる」ということを強く主張したわけだから、これは現代版の釈尊といえば釈尊ではないか。

私の信仰心とは、迷信を排除《はいじょ》し、「天」の心を実現すること

私の著《あらわ》した『学問のすすめ』について、「天は人の上に人を造らず人の下に人

を造らずと言えり」ということしか人は覚えてくれんがな。その一行以外で、あとの中身は何も覚えてはくれないんだけれども、「天は」と書いてあるんだから、「天というものがある」ということだ。だから、「信仰心がない」とは言わせない。「天」とは何か。中国語で天といえば神のことだ。中国では神を天と言う。神と言わず、仏と言わず、天と言う。孔子《こうし》も天と言った。また、ある武将は、死ぬときに、「天がわれを滅《ほろ》ぼすなり」と言った。

天とは、オールマイティーゴッド（全能の神）だな。それが天だ。

「天は人の上に人を造らず人の下に人を造らずと言えり」ということなのだから、私には信仰心があるではないか。だから、私の生前の話は、「私が信仰しているのは、天にある神であって、お稲荷《いなり》さんではない。狐《きつね》や狸《たぬき》や石ころではない」ということだな。

「石ころを祀《まつ》って神とする」というようなものは原始人の宗教だな。原始人の宗教は、やはり、文明開化という意味においては、文明を遅《おく》らせておる。

この迷信は、今でも、まだ残ってはおるがな。幕末から明治のころの迷信というのは、けっこう、すごいものだったよ。その迷信から逃《のが》れるのは大変なことだったと思うな。

今も新聞には載《の》っておるのだろう？　「今日《きょう》は日が良い」とか「悪い」とか、お日柄《ひがら》が書いてあったりするし、結婚式《けっこんしき》も、大安吉日《たいあんきちじつ》に集中して、天気予報よりも、そちらのほうが優先することだってある。こんなものに縛《しば》られておったのでは、やはり、近代化は難しいな。

だから、わしに信仰心がなかったと解釈する慶応生は間違《まちが》っている。わしは、そういう迷信レベルの、邪教性《じゃきょうせい》の強い、低俗なものを排除《はいじょ》して、人間の魂を高める「天」なるものの心をこの世に現し、実現しようとした。このように考えればよい。

人を選ぶ際には、「学問の力」を一つの尺度とせよ

そこで、天が人を選ぶ際に、「何をもって選ぶか」という基準が要《い》る。

昔なら、預言者のような感じの、「神の声が降りてくる」という者が、「選ばれたる人」であったけれども、これだけ人口が増えたら、そうもいくまい。だから、これだけ人口が増えたなかで、その「選ばれたる人」を選ぶに当たっては、学問の力というものを一つの尺度にしたらよい。

現実に、私のころは、洋行帰り、外国帰りの者と、そうでない者との差は、それはそれは大きく、「百年も違うのではないか」と思うほどの違いはあったな。

特に、実学の分野での違いは、それはすごいものだったと思う。なかでも、理科系統の学問における差は激しかったと思うな。それは、もちろん、人文系統でもあったとは思う。

まあ、その原点は語学だと思うな。

私は、「日本人に生まれたがゆえに劣《おと》っている」という考えを排除し、「日本人であっても、語学を獲得《かくとく》することによって、外人と同じ立場に立てる。これが平等である」「語学をマスターすることで、外人と同じような学力を身につければ、外人ができたことで日本人にできないことなどない」と考えた。

だから、外人が建てたエンパイア・ステート・ビルディングのようなものだって、日本人が、きちんと建築学を学び、実学を身につければ、建てられるようになってくるし、黒船だってつくれるし、蒸気機関車だってつくれる。

これは、すべて学問の力であり、知識を教わることによって、誰《だれ》もができるようになっていくものである。知識を学ぶことで、使えるようになってくる。学ばなかったものは、できるはずがない。

例えば、あなただって、「経済学部を出た」と言っても、蒸気機関車をつくれないだろう？　それは専門ではないからだ。専門で学んでいたら、つくれる。明治の人につくれたものでも、平成時代のあなたは蒸気機関車をつくることができない。船も、たぶんつくれない。飛行機も、たぶんつくれない。

これが、実学をやった者と、そうでない者の差だな。

だから、学問には力があるんだよ。

本当の学問には〝生産物〟が伴《ともな》う

これも誤解されやすいことだけれども、私は、学者が「学問のための学問」をすること自体を否定しているわけではない。

ただ、活用できないというか、「実社会で役に立たない学問は、それだけをしたのでは、人生が無駄《むだ》になる」ということは、はっきりと申し上げていたと思う。

「学問をしたかどうか」ということについて、要するに、「あの人は学のある人だ」という言い方は、明治以前からあるわけだ。日本には漢学の伝統がずっとあるので、「すごい学問を積んだ人だ」というような言い方は幾《いく》らでもある。

しかし、その「学問を積んだ」ということが、「独《ひと》り、書斎《しょさい》にこもって本を読んだ」というだけの学問であってはいけないな。

もしかしたら、本当に、すごい碩学《せきがく》というか、大家《たいか》なのかもしれないけれども、「学問を積んだが、世の一人の人も啓蒙《けいもう》することなく、焼かれて骨になった」というようなことであれば、やはり、大家の証明にはならない。活用されてこその学問である。

実学が大事だと言っているのは、「実学でないものを全部否定している」というわけではない。

本当に力のある学問を身につけたなら、あるいは、「学問をした」と言えるならば、それは活用ができるものだし、〝生産物〟を伴《ともな》うものでなければならない。

また、生産物を伴うことによって、「学問が現実に身についた」ということが証明される。

私は、そういうことが言いたいわけだ。

宗教といっても、意外と、この幸福の科学は実用の学問を非常に重視していると私は思っている。

大川隆法総裁は、大量の読書をなされるようだけれども、「読書のための読書」ではなく、必ず活用されていらっしゃるので、「天下万民《ばんみん》を導くための学問」ということを、よくご存じでいらっしゃるように私には思える。学者のように、ただ「本を読みました」というだけではない。それを必ず活用して、人を教導するために生かそうと努力されている。

そういう意図を持って行《おこな》っている学問は、無駄ではないし、人生を無駄にしないものだと私は思う。

その証明が実学ではできる。理科系では、蒸気機関車や黒船やビルディングをつくることにもなるし、文科系では、例えば、財界で会社を発展させたりするような力になっていく。

私の自伝が慶応《けいおう》に信仰心軽視の傾向《けいこう》を生んだ

「慶応《けいおう》は信仰心を軽視する」という言い方がされているが、それは傾向《けいこう》として少し出てはいて、卒業生に、やや信仰心が薄《うす》い。あえて言えば、キリスト教が嫌《きら》う「マモンの神（お金の神）」を信仰しているように思われるかもしれない。

しかし、わしの本意は違う。「そのエピソードは、ちょっとまずかった。削《けず》っておきたかった」と、今にして思ってはおる。「そこの石ころを捨てて、もっと高級な神のほうを拝みに行った」とか、何か付け加えるべきだった。

例えば、「伊勢神宮《いせじんぐう》に行って、お参りをした」とか、「どこかのお寺に行って、きちんとおこもりをした」とか、何か一つ付け加えておけば、後世、そのような誤解を生む余地はなかったと思う。

ただ、あれと似ているのではないか。宗教で言えば、伝統的な多神教に、雑多な神がたくさんいて、宗教が乱れているときに、一神教が出てくるではないか。それで宗教の近代化が進むことがある。近代化のためにスパッと切り捨てるところがある。捨てなければ近代化しないところがあるな。

だから、そういう、石ころの神を祀っている場合、まあ、それには、おそらく、神主《かんぬし》たちが魂を込《こ》めて何かを念じ込めているのであろう。私は門外漢なので、よくは分からないけれども、目に見えぬ世界を表現するのに何かが要るのだろうとは思う。

ただ、実学では、「石ころを祀るよりもテストで百点を取るほうが偉《えら》い」ということに、結論的にはなるのかもしれないけれども、こういう点数主義や偏差値主義も、行きすぎたら、また間違いになりやすい。

「慶応出身者に信仰心が薄い」ということには、確かに、ちょっと心当たりはある。私のそのエピソードから来ているのだろう。

幸福の科学では、慶応出身より早稲田出身が多いそうだな。残念だが、大隈《おおくま》君が、そう言うておった（会場笑）。また、「幸福の科学では、早稲田出身は活躍《かつやく》するが、慶応出身は出世せんのだ」とも大隈君に言われて、チクリと刺《さ》された。

「おまえの自伝が悪い」と言われた。うん。それはある。

ただ、大隈に信仰心がそんなにあったとは、わしは思うとらん（会場笑）。だが、まあ、「否定はしていない」ということなのだろうな。

だから、若干《じゃっかん》、悔《くや》しい。「慶応よ、信仰に目覚めて出世せよ」と言いたい気持ちはある。

まあ、慶応の出身者の人数は多いのだから、いろいろな人がいてもいいではないか。ただ、社会人として金儲《かねもう》けのほうに走れば、宗教から遠ざかる面はあるのかもしれないな。

幸福の科学は、非常に先見性のある宗教だし、今の東京を中心に説かれている教えだけれども、諸外国から見れば、「幸福の科学で学ぶ」ということには、わしの時代にアメリカに留学するような効果があると思う。

だから、変な学問をやるよりは、幸福の科学という宗教を学んだほうが、きっと、先見性のある人間ができるのではないかと思う。

しゃべりすぎたかな。

A―― ありがとうございます。

3　新たな教育事業へのアドバイス

A――　私からは最後の質問です。

今、幸福の科学では、「サクセス№1《ナンバーワン》」という、信者子弟のための塾《じゅく》を全国展開しています。そして、この春、「幸福の科学学園中学校・高等学校」が栃木県《とちぎけん》の那須《なす》に開校いたします。さらに、学園の関西校や幸福の科学大学の開校も目指しており、仏法真理《ぶっぽうしんり》をベースとした理想の教育を行うことによって、「教育維新《いしん》」を起こしていこうと燃えています。

そこで、教育を通して数多くの人材を輩出《はいしゅつ》し、日本の繁栄《はんえい》に貢献《こうけん》された、福沢先生から、教育事業に進出する私たちに対して、大事な心構えなどのアドバイスをいただければと思います。

子供のうちに「信仰《しんこう》と学問とは両立する」と教えよ

福沢諭吉　いや、これは、ある意味では珍《めずら》しいのではないかな。その学校は、学問を重視しながら、同時に、信仰《しんこう》もすごく重視しているんだろう？

確かに、伝統的な宗教にも学校はある。キリスト教などの旧《ふる》い宗教では、英語などを生かして学校が繁栄しているところは、あることはあるけれども、ずばり信仰を教えているとは言えないのではないか。「『信仰がなくても入れます』というかたちでないと、生徒集めが苦しい」というような現状だろう。

だから、「学問を好みつつも、現在進行形で信仰の大切さを説く」ということは非常に珍しいことであり、孔子《こうし》でもできなかったことではないかと思う。学を好むことが、女を好むこと以上であったであろう孔子であっても、信仰については、もう一つ判然としないところはあるな。

わしと同じだよ。「天は」と言うぐらいだ。その程度しか分かっておらんようだから、学問をすると、信仰を重視しなくなる気《け》はあるな。あの世の神の言葉より活字のほうに関心が行くからだ。

で、「サクセス№1」か？　まあ、私塾でしょう。これは、いわゆる私塾で、信仰に基づく新しい私塾だな。発展の余地は十分にあるだろう。

子供のうちに、「信仰と学問とは両立するものだ」と教えることは大事なことだ。普通《ふつう》の塾には、信仰を説く人はまずいない。偏差値《へんさち》や合格率ばかりを言うからな。あるいは合格実績かな。だから、これは良いことだと思う。

信仰心を持っている人たちの家庭に生まれた子でも、進学校や進学塾に行くと、信仰心が薄《うす》れてきて、この世的な競争のみに明け暮れるタイプの人間になりやすい。テストが一点、二点、あるいは偏差値が一、二、自分より上なら、もう、その人のほうが人間的に上のように思う。そんなレベルの、ものの捉《とら》え方をしやすくなるので、信仰に基づく私塾には、良いことはあると思う。

信仰心のある優秀《ゆうしゅう》な人が集まれば、一定の文化が出来上がる

ただ、信仰と学問とを併用《へいよう》した場合には、どちらかというと、「救済の原理」のほうが強く働くことが多く、この世的に見放されたり落ちこぼれたりした子を宗教的に救うような傾向《けいこう》が強くなりやすいので、「いわゆる進学校、進学塾的なかたちで成功するかどうか」ということについては、一定の努力を介在《かいざい》させねば、難しいところはあるかもしれない。

まあ、これは、言いにくいのだが、はっきり言ってしまえば、今、学問をあまりしていない人のほうが、信仰心は素直でストレートなことが多いんだな。学問を積んだ人は疑い深くなっている。

要するに、引っかけ問題を解きすぎておるのだろう。「人は、騙《だま》したり引っかけたりして、私の点数を引くものだ」と思っているようなところがある。逆に、素直で、あっけらかんとした人には、あまり点数を取れない傾向があるので、そのへんには、競争の悪い面があるようだな。

だから、その〝文明実験〟が成功することを祈《いの》りたいとは思うが、慶応義塾《けいおうぎじゅく》のようなかたちになるかどうかは、今のところ分からない。

ただ、優秀《ゆうしゅう》な人のなかにも、信仰心のある人はいるであろうから、そういう人を、教える側にも集めることだ。また、子供の側にも、信仰心があって優秀な子もいるだろうから、そういう子が集まってくれば、一定の文化が出来上がってくる可能性はあるだろう。

これは努力の問題と思える。予言の問題ではないな。「それを勉強した人が、いったい、どうなるのか」ということが大きいだろう。

できれば、慶応を卒業した人にはないような特徴《とくちょう》を持った人たちが出ることを望みたいな。

A――　ありがとうございます。私も、信仰心と独立自尊の精神で、天下万民《ばんみん》のために頑張《がんば》ってまいりたいと思います。

福沢諭吉　君、もうちょっと頑張れよ。

A――　はい。

福沢諭吉　実力が出ていないよ。

A――　はい。

福沢諭吉　実力がまだ十分に出ていない。実力は今の十倍はあるよ、君には。しかし、出ていない。〝複雑骨折〟しとるな。

だから、それを治さないといかん。心が骨折しとる。それを早く石膏《せっこう》で固めて治さないといかんな。実力が君にはもっとあるよ。

ちょっと複雑なんだな。この世的には、「毛並みがいい」という自負もあり、外からも、そう思われておるけれども、君本人の心は骨折しているよ。レントゲンのように見れば何カ所もな。

それは慶応生の不安定さとよく似たものだ。自慢《じまん》はしながら自信はない慶応生はたくさんいるが、それと似たようなものが君のなかにもある。個人的な問題も含《ふく》めてな。

ただ、乗り越《こ》えなくてはいけない。まだ力は十倍ある。その力を十倍に生かさなくてはならないね。頑張りなさい。

A――　ありがとうございます。頑張ってまいります。

福沢諭吉　うん。

A――　ありがとうございました。

4　女性にとっての「学問のすすめ」とは

Ｂ――　本日は、このような貴重な機会を賜《たまわ》りまして、まことにありがとうございます。どうぞ、よろしくお願いいたします。

福沢諭吉　はい。

Ｂ――　福沢先生は、生前、「男女同等論」を唱えられ、男女の差別なく教育を受けさせることに尽力《じんりょく》されたと伺《うかが》っております。

現代では、女性にも、男性と同レベルの学力を身につけることが可能となったわけですが、その結果、「本来は性質が違《ちが》うはずの女性と男性が、社会に出てからは、同じ成果を求められ、競争しなければならなくなっている」という状況《じょうきょう》もあると思います。そのため、自分の生き方において、悩《なや》みを抱《かか》える女性も多いと思うのですが、一方、今後、学問を身につけ、その上で、さまざまな分野で女性らしく活躍《かつやく》していく女性も多く出てくると思います。

福沢先生のお考えになる、女性にとっての「学問のすすめ」というものがございましたら、教えていただきたく存じます。

賢《かしこ》い女性が縁遠《えんどお》い理由

福沢諭吉　明治のころには、やはり、学問のある女性は縁遠《えんどお》くてね。「家」という制度があったので、「学問のある女性が、嫁《よめ》として家に入って、義理の父母《ちちはは》、あるいは兄弟《きょうだい》等に仕える」ということには、なかなか難しいものがあった。

さらには、「洋行帰りの女性」とかいったら、だいたい、もう難しかったね。

だから、女として頭が良く生まれすぎると縁遠くなった。明治においては、そうであったと思うな。

ただ、それは、その時代その時代の考え方だと思う。そういう賢《かしこ》い女性に対し、「煙《けむ》たくて、共同生活に向かなくて、使いにくい」という感じを強く受けるということは、男のほうが、「大したことがない」ということでもあるんだよ。だから、男が賢くないんだ。あまり賢くない男には、「賢い女を嫌《いや》がる」という気《け》があるんだな。

男の八割は、あるいは九割かもしれないが、自分よりも賢くない女性のほうが、どちらかといえば好きなんだ。なぜかというと、「劣等感《れっとうかん》を刺激《しげき》されないで済む」ということと、「裁かれないで済む」ということになるからだろう。

要するに、女性が学問をすると、「知恵《ちえ》が芽生える」ということだ。『聖書』のアダムとエバではないが、知恵の木《こ》の実を食べると善悪が分かるようになるため、男の駄目《だめ》なところが見えてしまう。それが怖《こわ》いというのが現実かな。

男女を能力で公平に判断する時代に突入《とつにゅう》している

ただ、時代は、今、変わってきていると私は思うな。もう、男女の差は、どんどんなくなってきていると思う。

確かに、働く女性で、優秀《ゆうしゅう》な方の場合は、いわゆる専業主婦というかたちで納まることが苦しくなってはいるが、悩みとして多いのは、「結婚《けっこん》したいけれども、男性がするような学問をあまりすると、結婚が難しくなるかもしれない」ということぐらいかな。

ただ、私はね、もう最後だと思うよ。もうすぐだと思う。男女を問わず、能力で正確に判定される世の中になると思うな。そうなるのは、この時代だと思うな。

この時代で、そうなる。明治から百五十年たち、ずいぶんかかったけれども、もう、そうなると思うね。公平に処遇《しょぐう》されると思う。

その半面、女性についても、一方的に保護されるべき種族というか、そういう生き物というような考え方もまた通らなくなるとは思うんだな。

「女性は、虐《しいた》げられ、差別されている、かわいそうな、か弱い人間なんです」というような考え方は通らなくなってくる面もあるとは思う。

しかし、男女を能力において公平に判断する時代に、もう突入《とつにゅう》していると思うので、この世代で、差別されているものについては完全に終わりが来ると思う。

「それが、家庭的な面で、繁栄《はんえい》・発展につながるかどうか」ということは、もう一つ別の論点だと思う。社会政策的な問題だな。

もっとも、今の段階では、元のような家制度そのものは、しばらくは戻《もど》ってこないと思う。「個の確立」というものが進んでいるので、やはり、今は、いろいろなことが個人個人の問題になっているし、家族は夫婦単位になっているし、その夫婦単位の家族でさえも崩《くず》れつつある時代かと思うんだな。

それぞれが、自分の好きなことをしながら、一定の契約《けいやく》関係で付き合うような時代になってきつつあるようには見えるので、今は、この男女の問題のところが急展開し、旧体制が急速に滅《ほろ》びようとしている時期だと思うね。

だから、もう、あまり考えなくてもよいと思う。「女性だから、その爪《つめ》を隠《かく》し、能力を隠して、男を刺激しないようにする」「女性よりも男性のほうが偉《えら》い」「年が一つでも二つでも上なら偉い」というような考えがまかり通る時代は、もう終わったと判断すべきだし、終わっていないなら、終わらせるべきだと私は思う。

転生輪廻《てんしょうりんね》の仕組みから見ても、男女の差別は正しくない

あなたがたの宗教では、最初は、「男性の魂《たましい》は男性に生まれる。女性の魂は女

性に生まれる」と思っていたところもあるようだけれども、その後《ご》、いろいろと調査した結果、「男性が女性に生まれることもあれば、女性が男性に生まれることもある」ということも、はっきり分かってきたわけだね。

そうである以上、「生まれつき、男性か、女性か」ということで、人生は決まらないはずだ。

例えば、「女性に生まれたら、有利な職業や指導的な立場には就《つ》けないことが決まっている」「男性に生まれたら、誰《だれ》もが職業に就けて、一定の年齢《ねんれい》になれば管理職になれる」などというような考え方については、この転生輪廻《てんしょうりんね》の仕組みが明確になってきた段階で、少なくとも、「一律に判定するのは正しくない」ということが明らかになったと考えていいわけだね。

しかし、体力的なところでは、まだ男女の差はあると思うし、男が男である最後の砦《とりで》として、「騎士道《きしどう》精神」というものはある。

やはり、「火が燃えているビルディングのなかへ飛び込《こ》んで、女子供《おんなこども》を救うのは、男の役割であり、そこが死に場である」と思って、男としてのプライドを持つのが、最後の〝侍《さむらい》〟かな。

こういう精神は消防士や警官などの職業のなかにはまだあると思う。「銀行強《ごう》盗《とう》が立てこもっている所に女性を突入させたくはない」という気持ちが男にあるのは、男としての最後の矜持《きょうじ》だ。まあ、誇《ほこ》りというところかな。

これも、やがて破られるかもしれませんがね。技術が向上し、武器の性能が上がれば、女性のほうが有利になることだってあるかもしれないので、もう、最後かもしれない。

その場合に、「男女がユニセックス（無性）化していくかどうか」という問題は、当然、あると思うけれども、いろいろな社会があっていいんだよ。ライオンの世界のように、おもにメスが餌《えさ》を獲《と》るために狩《か》りをする世界もあるし、いろいろな文明が現実にはありうるのだと思う。

魂の転生輪廻として男女のどちらもありうることを考えれば、「男女の産み分けによって、決定論的、運命論的に一生を規定される」という見方は、「どうかな」ということだな。

私は男であったから、福沢諭吉と、津田塾《つだじゅく》をつくった津田梅子《うめこ》とでは、どちらかといえば、福沢諭吉のほうが偉いように言われるかもしれないけれども、「本当は、どちらが偉いか分からない」というところはあるかもしれない。

あの時代の難しさから見れば、女性として、海外経験を積みながら学問を修めて、学校をつくり、大学にまで発展させていく力は、そうとうなものだろう。

だから、今は、基本的に、「男女で能力が同じだったら、女性のほうが偉い」と思ったほうがいい。私は、そう思うな。

「女性らしさ」は一種の美学の問題

福沢諭吉　ハハ、もっと隠れた言葉を聴《き》きたいんだろう？　どうぞ。もっとはっきり訊《き》いたらどうだい。

B――　その……、学問を身につけることによって、「女性らしさ」が失われていくこともあると思うのですが、その点に関して、福沢先生は、どうお考えになりますか。

福沢諭吉　まあ、「女性らしさ」というのも定義の問題なのでな。どんなに、いいお嬢様《じょうさま》で、きれいなお姫様《ひめさま》であっても、モンペをはいて、手拭《てぬぐ》いを頭にかぶり、そして、鋤《すき》、鍬《くわ》を提《さ》げて畑に出ておれば、誰も「女性らしい女性だ」なんて思いはしない。それは、外見や生活を見てのことだな。

だから、女性らしさというものは、一種の美学の問題として考えればよいのではないかと思う。美学として、女性らしさなるものに価値を感じる人であるならば、その道をたしなんでもよいと思うし、価値を感じないのであれば、気にされなくてもよいと思う。

でも、それは、しかたがないことだと思うんだよ。例えば、日本の茶道《さどう》でお茶をたてることがあるけれども、畳《たたみ》の上で抹茶《まっちゃ》をたてて飲んだりする。それと、喫《きっ》茶店《さてん》で、インスタントではないかもしれないが、コーヒーを何百円かで飲むことを比べて、どちらが良いかということだ。

茶室でお茶を飲むのは、美学には合っているのだろうが、〝ネクタイ・背広の世界〟の実用性から見れば、街角の喫茶店のほうが遥《はる》かに機能的なものであろう。

そのへんの価値観の問題はあるかと思う。

あと、女性の場合、相手が出てきたときに変化することがある。好きな男性がいると、その人の好みに合わせようとする本能が女性にはあるので、女性は、みな、変化するものなんだよ。男性にも似たところはあるがね。

そういう、変化するものであるので、必ずしも固定的に考える必要はないと思われる。

伝統的価値観にとらわれず、自分の運命を楽しむことも大事

今、やや洗脳型の学歴社会になってきてはいるので、それが少し気にはなるな。

男女が同じく机を並べ、学校や塾などで競争して点数を争い、女子のほうが男子よりもずっと成績が良かったりすると、その女子に男子は憧《あこが》れはするが、「嫁さんにはなってくれんだろう」と思うような感じになってくる。

そのため、「女子で優秀になればなるほど、釣《つ》り合う相手が少なくなってくる」

ということが、世間一般《いっぱん》のお見合い市場や結婚市場では言われることになる。

いや、でも、世間はよくできたものでね、一般論的には、そのように感じるのだけれども、世の中には、それだけの人には、それだけの相手がきちんといるものなんだよ。

また、男性も、秀才《しゅうさい》は〝大量生産〟ができてはいるのだが、秀才を超《こ》えた世界の、独創型の天才になると、今度は、それに合う女性が極《きわ》めて少なくなってくるんだね。手に入らなくなってくる。

秀才までは相手が見つかるんだが、それを超えると相手がいなくなってくるので、ごく一部の、そうした人のために、世にも稀《まれ》なる女性が必要な場合もある。これをもって、「天の配剤《はいざい》」と言うのかもしれないね。

ただ、あまりにも才能が大きすぎる場合には、「伝統的価値観のなかでのみ幸福を見いだすのは、もう無理である」という割り切り方をするのも一つかとは思う。

時代によって、いろいろな経験があってよいので、「一般に、女性は、こうだ。男性は、こうだ」という伝統的な考え方からは離《はな》れるところもあるのではないだろうか。

それはそれで、自分の運命を楽しむことも大事だと私は思うね。

だから、昔のような、生まれつきの王族・貴族という者が、現代では少なくなってきている半面、才能に恵《めぐ》まれた方が、女性としても出てきたりしているわけだ。

昔は、王族に生まれた人と庶民《しょみん》とでは結婚できなかったのは当たり前でしょう? 今は民主主義の世の中であるため、そうした王族・貴族がなくなってきてはいるけれども、逆の意味で、才能を持った人たちが出てきているわけであり、その部分が、「普通《ふつう》の人とは、なかなか合わない」というような現象として出てきているわけだね。

まあ、それはそれとして、自分の運命を楽しむことも大事だと思うよ。

B――　はい、ありがとうございました。

5　学問に情熱を注ぐことの意義

B――　現在、社会が豊かになって、昔に比べると、多くの人が、学校に通い、学問に触《ふ》れることができるようになりましたが、「どうして学問をしなければいけないのか」という根本精神のところが見失われているように思います。

そこで、福沢先生が、なぜ、あそこまで学問に情熱を注がれるようになったのか、その理由について、ぜひ、お聞かせいただきたいと思います。

私は語学を学ぶことで見聞を広めた

福沢諭吉　うーん、まあ、「学問」という言葉を使ってもよいけれども、はっきり言って、世の中でいちばん惨《みじ》めなことは、やはり「教養」がないことだよ。「教養がない」ということは悲しいことだ。本当にそうだと思うな。「教養のある人には分かり、感じ取れ、理解できることが、教養がないことによって分からない」ということは、つらいことだよ。

それは、日々、動物たちが味わっている感情に近いと思うな。しゃべることができない動物。字が書けない動物。学問ができない動物。まあ、ほとんどそうだ。これは悲しいことだな。

だから、人間としても、やはり差はある。

特に、私は、蘭学《らんがく》や英語等、洋学を中心に勉強したけれども、学問をするには努力が要《い》る。

ただ、努力したら努力しただけの、やはり、何というか、「報酬《ほうしゅう》」という言葉はやや低俗《ていぞく》に聞こえるかもしれないけれども、その努力に応じたご褒美《ほうび》があったようには思うね。

「蘭学の世界、英語の世界を学ぶことによって、自分の見聞きする世界が広がる。見聞《けんぶん》できる世界が広がる」ということだ。

私は、英語というものを勉強することによって、アメリカ合衆国にも渡《わた》り、新世界を見てきた。

そういう、語学という〝武器〟を習得することによって、新世界を見て帰ってきた人間と、行かなかった人間との差は、もう歴然としたものだった。

私もそうだし、まあ、仲は悪かったが、勝海舟《かつかいしゅう》さんも、幕府の要人としてアメリカまで渡り、帰ってきた人だから、新世界を見てきた人だね。新世界を見てきた人には、日本の将来のあるべき姿はもう明らかであって、迷いようがなかったと思えるんだな。

外国に行かなかった西郷隆盛《さいごうたかもり》には、日本の未来が見えなかった

ところが、明治期になってから、維新《いしん》の立役者《たてやくしゃ》たちで、そういう新世界を見てきた人と、見てこなかった人がいた。

例えば、見てこなかった人の代表が西郷隆盛《さいごうたかもり》だな。偉《えら》い人であったことは間違《まちが》いない。明治維新を起こして、幕府を倒《たお》した。あの人なくして、それは起きなかった。しかし、彼は、ヨーロッパ遊学に誘《さそ》われてはいるけれども、行かなかった。

行かなかった理由は体格と関係があるらしいので（笑）、お気の毒ではあるが、まあ、あの体格で、ちょっと病気持ちではあったらしい。皮膚《ひふ》が荒《あ》れて皮が剥《む》けるような、今だったら象皮病《ぞうひびょう》というのか、よくは知らぬが、何か皮膚の病気だったようだ。

あと、巨大《きょだい》な体で苦しんでいたため、お尻《しり》のほうの病気もお持ちであったよう

で、「長い旅行に耐《た》えられん」ということもあったようではあるけれども、彼がヨーロッパに行かなかったことが西南戦争につながっているのは、ほぼ間違いないと思うな。

だから、西郷隆盛には日本の未来が見えていなかったと思う。洋学を学び、外国に行ってきた人間には、近代化をする以外に日本の生き残る道がないことがはっきり分かっていたので、近代化路線に対して迷いがまったくない。

ただ、行っていなかった人は、「侍《さむらい》の世界を、どうやって保護するか」というようなことを必ず考えるようになるわけだ。

だから、「次の未来社会を垣間見《かいまみ》る」という意味で、「学問の進化した部分を知っている者には、次にやるべきことが見えてくる」ということはあるな。それが見える者と見えない者との差は、この世でも結果的に表れてくることはあると思える。

新しい時代を切り拓《ひら》く勇気、チャレンジする精神があるか

なぜ、私に、そこまで学問への意欲があったか。

もちろん、留学する前から熱心に勉強はしておったけれども、私のような、九州の小藩《しょうはん》から出てきた人間が、「国民に影響《えいきょう》を与《あた》える」という立場に立った原因は、どこにあるか。

それは、「生まれが大名だ」ということでは当然ないし、「金持ちだったか」といえば、当然、金持ちでもなかったし、だから、あるとしたら、やはり、学問の力以外にはなかったと思う。

私は蘭学を学んだけれども、途中《とちゅう》で、「蘭学の時代が終わった」ということを悟《さと》った。横浜へ行ったときに、看板が英語で書かれ、英語が話されており、その

内容が分からなかったことに、すごいショックを受けた。「オランダ語は、もう、世界のメインの言語ではないんだ」ということを悟ったときの衝撃《しょうげき》は、本当に、奈落《ならく》の底《そこ》に落ちるようなものだった。

それまで、私は、夜も寝《ね》ないで蘭学の勉強をしていた。みなで『ズーフ・ハルマ』（蘭和辞典）の取り合いをし、その辞書を書写して、猛勉強《もうべんきょう》をしたつもりであった。その学問の体系が一夜にして崩《くず》れ、「もはや過去の学問になった」と知ったときの衝撃は、それは大きかった。

ただ、大多数の人は、それでも蘭学に執着《しゅうちゃく》していた。それまで、蘭学を勉強してきていたので、それを捨てられなくて続けていた。しかし、蘭学を捨てられずにいた人は、明治期になったあと、残念ながら、消えていっている。

私のように、蘭学を学び、塾頭《じゅくとう》までやった人間でも、「もはや、この時代が終わった」と見て、英語に切り替《か》え、独学ででも英語にかぶりついてやろうとした。

こうした人間こそ、次の時代を率いるリーダーになれているんだな。

だから、学問というのは、基本的には、新しい分野を切り拓《ひら》く勇気なんだと思うんだ。新しい時代を切り拓く勇気、あるいはチャレンジする精神が学問であり、学問の力なんだと思う。

「そういうものを持ち合わせているかどうか」ということは、個人個人の問題であるので、何とも言えない。持ち合わせているか、持ち合わせていないか、それを知るには、人生の結果を見る以外にない。

しかし、持ち合わせている人は、やはり、指導者になる道を選ぶことになり、持ち合わせていなかった人は、あとを付いていく人たちになる。それだけのことだな。

学問をすることで得たチャンスへの「感謝の心」を

だから、「なぜ、学問に対して、あれだけの情熱があったのか」ということだけれども、「新世界が見たかった」ということだな。

それから、感謝の心が大きかったかな。

学問をすることによって、自分が得たものというか、与えられたものへの感謝、「チャンスの女神《めがみ》」への感謝かな。学問をすることによって、さまざまなチャンスに恵《めぐ》まれたので、「学問をすることだけで、これだけのチャンスが舞《ま》い込《こ》んできた」ということへの感謝だな。そんな気持ちが大きかった。

実にありがたいことだよ。本当にありがたいことだな。

また、「学問をするか、しないかは、生まれによって決まっているものではない」ということも事実だ。それを身をもって体験した。

蘭学をやっていた人間が英語をやった。だから、英語をやるか、やらないかも、生まれとは関係ない。やらなければゼロなんだ。

やり抜《ぬ》いた人は身につける。英語を身につけた人はアメリカに行ける。アメリカに行った人は、アメリカを見聞し、アメリカの学校で勉強できる。アメリカには、まだ日本にはないものがたくさんあるので、それを日本に持ってくることができる。やるべきことが分かり、先生になれて、人々を教えられ、次の国を建設できる。仕事が増えてくるわけだな。

だから、「あきらめずに、新しいものを目指して努力していく者に、未来の扉《とびら》は開かれていく」ということだ。これについては男女に差はないと私は思うな。

日本には、もっと優秀《ゆうしゅう》な女性が出てこなければいけない。この意味において、日本には、アメリカ・ヨーロッパ等に比べれば、まだまだ、後れている面はあると思う。封建的《ほうけんてき》で後れており、優秀な女性が、真実、活躍《かつやく》できるとは、まだ言えない状況《じょうきょう》にあるのではないかな。
だから、もっともっと、公平に見ていく力を身につけねばいけないと思う。

未来の設計図を描《か》ける人に他《た》の人は付いていく

福沢諭吉　質問は何だったかな。「なぜ、そんなに、やる気になったか」ということだったかな。

B――　はい。

福沢諭吉　ああ。「刀では、もう、どうしようもない時代に入った」という認識の問題だな。剣《けん》の腕《うで》が立つだけでは、もう、生きていける時代ではなかったので、「次の時代の武器は何か」ということだったね。

今でも、「次の時代の武器は何か」ということを常に考え続ける必要はあると思う。それを人より早く分かった人が勝利することになるだろう。

今は、未来の設計図を描《か》ける人が偉いだろうね。うん。その設計図が描ける人に他《た》の人は付いていくだろうね。

「設計図を描くためには、どうしたらいいか」ということだが、「今後、社会が必要とするものは何であるか」を考えることができれば、設計図は描けてくるんだ。

だから、神様の気持ちになって、「神様なら何をするだろうか」を考えれば、これから起きる世界のことは分かってくるだろう。

まあ、抽象的《ちゅうしょうてき》な言い方になったな。

学問において男女に区別はなくなってきている

うん、能力を発揮しなさいよ。隠《かく》す必要なんかない。そんな時代は終わった。外見だってそうだろう。昔の女性は、できるだけ「隠す」のが仕事だったが、今の女性は「出す」のが仕事になってきている。能力も同じだ。隠すのが仕事ではなくて、出すのが仕事だ。

そういう意味では、学問においては男女に区別はもうなくなってきている。ただ、学問の種類によって、確かに、男性が多い学問と、そうでないものがあり、理数系では、今のところ男性が優位に立っている気《け》はある。

これが、どういう肉体構造に起因しているのか分かりにくいところはあるのだけれども、おそらくは、女性のほうが一般的《いっぱんてき》に感性が優《すぐ》れていることと関係があり、感性が優れている半面、理性的なところが後ろに隠れているのかもしれないね。男のほうには、感性よりも理性が強く出てくる傾向《けいこう》がある。

ただ、理系的な女性の場合、結論をはっきりストーンと出していくので、男から見ると、真っ二つに割られたような感じがするんだよね。「それでは嫌《きら》われる」と見て、隠したがる女性がいるんだね。

まあ、でも、世の中には、魚を半分に割るようにスパッと斬《き》られると、すっきりして喜ぶ男もいるんだよ。だから、「すべての男性に評価される必要はない」ということだね。

B――　ありがとうございました。学問の大切さを再認識させていただくとともに、「これまで自分がどれほど恵まれた環境《かんきょう》に置かれていたか」ということへの感謝の心を思い出すことができました。

これからは、自分らしく頑張《がんば》ってまいりたいと思います。

福沢諭吉　うん、うん。

B――　本日は、どうもありがとうございました。

福沢諭吉　はい。

6 「日本人の学力の復活」への指針

C――　私は幸福実現党で政策の立案を担当しております。本日は、ご指導を賜《たまわ》り、まことにありがとうございます。

福沢諭吉　はい。

C――　最初に大川隆法総裁からご紹介《しょうかい》を賜りましたように、幸福実現党は、「新・学問のすすめ」という政策を掲《かか》げ、「教育維新《いしん》」に取り組んでまいりたいと考えております。そうしたなかにおいて、何点か、未来の設計図について、ご指導を賜りたいと思います。

一点目は、「日本人の学力の復活」ということでございます。福沢諭吉先生が『学問のすすめ』を著《あらわ》されたことにより、日本は、まさに、それを新しい武器として、国力を増強し、富国強兵をなし、近代国家へと発展してまいりました。

福沢諭吉　うん。

C――　ところが、現代においては、例えば、「ゆとり教育」というものが出てきて、学力向上が悪であるかのような価値観が広がりました。

現実に、ＯＥＣＤの国際調査の数学分野を見ると、日本は、二〇〇〇年には一位であったのに、二〇〇三年では六位、二〇〇六年では十位となり、今、台湾《たいわん》や香港《ホンコン》、韓国《かんこく》などの後塵《こうじん》を拝《はい》する状況《じょうきょう》になってきております。

幸福実現党は、「学力の衰退《すいたい》が国力の衰退につながる」と考え、危機感をたいへん感じておりまして、日本人の学力を向上させ、世界最高水準に引き上げてまいりたいと考えております。

そこに向けてのアドバイスを賜れればと存じます。

現在の教育が「実用の学」から離《はな》れた理由は教員制度にある

福沢諭吉　一つには、学問が、私がよく言っているような「実用の学」から、ややずれてきている面もあるかとは思う。

だから、「学問がよくできる」ということが、そのまま、「仕事ができる」ということにつながらないことが多くなってきていて、このへんを、みな、感じ取っているんだ。

「勉強ができること」が「仕事ができること」に必ずしもつながってこない現実を、実際に会社等で人を使っている人たちが感じてきているんだね。新入社員を採用してみて、「学校での成績が、そのまま、『仕事ができる、できない』ということにつながってこない場合が多い」と感じ取っているわけだ。

これは、やはり、現在の日本の教育が「実用の学」から少し離《はな》れていることを意味している。

その理由の一つは、おそらく教員制度にあるのではないかと私は思うよ。

昔は、私のように、いろいろと実社会の経験をしてきた者が、教員として人を教えていたんだよ。

だから、学問といっても、いわゆる机上《きじょう》の学問だけではなくて、実人生での経験をも同時に教えていて、人生学というか、「人生、いかに生くべきか」ということが必ず裏打ちされているものだった。

今の教員のなかには、人生経験の幅《はば》の非常に狭《せま》い人が多くなっていて、その幅を広げようとするチャレンジングな人間が少なくなっているし、実社会の仕組みが必ずしも見えていない人が多くなっているように思うんだね。

私には、このへんが問題の原点のような気がして、しかたがない。

もし、本当に、学問で優秀《ゆうしゅう》な人が社会に出て活躍《かつやく》でき、出世できるようになっているのであれば、私は、それは望ましいことだと思うんだよ。実際にそうなっているなら、望ましいことだ。

しかし、実際には、いろいろなテストで高い点を取ったからといって、その人が、そのまま仕事ができるようにはならないわけだ。ここが悲しいところだね。

それから、昔は、「先生を選ぶ」ということが多かった。

「誰《だれ》に教わるか」「どの先生に就《つ》くか」ということが、一つの大事な大事な指標だったのに、今は、そうではなく、大学の総合ブランド化と同じで、「大学の名前が付く」ということのほうが大事になってきているね。

だから、「『この先生に教わりたい』と言って学生が移動しているわけではない」ということも、もう一つある。

実社会で経験を積んだ人が教員になれるシステムを

人生経験が豊かで、豊富な人生論を持った方が教えたほうが、やはり、学生は本当に身に沁《し》みて分かるようになるのではないだろうか。

明治のころ、学校の英語の教師として、高橋是清《たかはしこれきよ》という人もいたが、のちに大蔵大臣や総理大臣を経験しているね。また、事業家でもあって、銀山の経営のために南米まで行ったりしていたね。

こういう、波瀾万丈《はらんばんじょう》の人生を送ったような人が、学校で英語を教えたら、どうなるだろうか。それは、面白いに決まっているよ。

いろいろな経験を積んだような人に教わると、学問と実人生とが結び付いてくるんだね。だから、先生は大事だよ。

ま、「ゆとり教育」だ何だと、いろいろあるけれども、私は、本当の意味の教育改革としては、やはり、「実社会で、ある程度、経験を積んだり、通用したりしたような人」が教員になれるシステムをつくったほうがいいと思う。

子供たちは、授業中に〝脱線《だっせん》〟で出てくる、先生がたの人生経験の話で、いろいろと実社会を垣間見《かいまみ》て、希望を持ったり、社会の矛盾《むじゅん》を感じたり、自分のやるべき道を探したりする。それによって、子供たちには、勉強する意欲が湧《わ》いてくるんだね。

今の、あまりにも守られすぎたシステムは、〝金属疲労《ひろう》〟を起こしているように感じられる。

教員免許《めんきょ》についても、一生持てていた制度をやめ、十年ごとに見直しをかけようとしていたのに、また一生持てるようにしようとしたり、揺《ゆ》れている状況だね。ある意味で、努力しないでも、その職業を守れるようになってきているわけだ。

学校教育の無償化《むしょうか》は〝地獄《じごく》への道〟

さらに、今の政府は学校教育の無償化《むしょうか》を言っているだろう？　〝ただ〟だよね。ただだったら、「どんなに内容が悪くても構わない」という方向へ行くんだよ。お金を取るとなると、それが役に立たなければ人は離れていき、来なくなるんだ、はっきり言えば。それは塾《じゅく》や予備校が経験していることだよね。お金を払《はら》ったのに、それが役に立たなければ、人は離れていく。

ところが、ただだったら、学校は「子供預かり場」と化していくだろうね。学校がただで、その上、「先生がたは、いったん資格さえ取れば、もう、努力しようがしまいが関係なく、さらに、実績も公表されない」ということであれば、これは、あまりにも恵《めぐ》まれすぎており、努力をしない者が居座《いすわ》れてしまう。「『努力しない者が、努力する者を育てる』というのは、なかなか難しいことである」と思うね。

だから、私は学校無償化には反対だ。

ただ、本来、高度な学問を修められる質《たち》、素質を持っているような人が、親の特殊《とくしゅ》な事情や生まれによって、そういうチャンスに恵まれないなら、それに道を開くのは国家や地方公共団体の仕事だろうし、また、財閥《ざいばつ》や、それに近いお金持ちの篤志家《とくしか》が、それを援助《えんじょ》するのは、彼らの〝仕事〟として、あるべき姿だと思う。

しかし、「金があろうが、なかろうが、一律ただにする」という考え方は、学問の腐敗《ふはい》を生む以外の何ものでもないと思うね。

昔は、学問をするためには、お金を儲《もう》けなくてはいけなかったんだよ。お金をためなくてはいけなかったんだ。また、子供を学校に入れるために、働いてお金をためることが、親の生きがいだったんだよね。

そして、「親が働いてお金をため、学校に入れてくれた」ということが、「子供は、大人になったあと、親孝行をして恩返しをしなければならない」という〝原理〟の背景でもあったんだ。

だから、学校無償化の流れは、ある意味で、「親不幸のすすめ」にしかすぎないと思う。

それは、「親なんか、いてもいなくてもいい」という考え方の制度だと私は思うよ。「親が働こうが働くまいが構わない」という考えに立った制度ということだね。

親が働かなくても、子供は、ただで学校に行けるわけだ。そういう人が、学校を卒業したあと、今度は、一生懸命《いっしょうけんめい》に働いて社会に恩返しをしようとするかといったら、しないよね。

だから、学校無償化は、正しいようであって、正しくない。それは〝地獄《じごく》への道〟だと思う。

お金がないために学校に行けなくて苦しんだ人は、今までに大勢いる。それは、そのとおりだ。しかし、本当に能力のある人は、その悔《くや》しさを、実社会に出てから、何らかのかたちで晴らしているはずなんだ。

あまりにも甘《あま》やかされた道は、やはり、地獄への道だと私は思う。

本当に優秀な人たちが、もし環境《かんきょう》要因によって道がふさがれるならば、進学させてあげることは、国や地方公共団体、篤志家の使命であるというか、騎士道《きしどう》精神だと思うけれども、「全員を同じ条件にする」ということであっては、たぶん、結果についても、低いレベルで同じになるだろうと思うね。

いやあ、人生、厳しいですよ。夜も寝《ね》ずに勉強することの尊さを知っている人間でなければ、やはり、指導者として本当に人を導くことはできないんだよ。だから、道楽息子にそんなに学問をやらせても駄目《だめ》なんだ。何か、そのへんに間違《まちが》いがあるような気がするね。

教員の制度のところにもメスは入れるべきだと思うし、全体に甘やかしのシステムが「感謝・報恩のサイクル」を断ち切っているようにも思える。あまりよくないね。

公立学校の時代は終わり、私立学校の時代に入った

C――　今、「教員の制度にメスを入れるべきだ」というご指導を賜りましたが、もう一つ、教育界の停滞《ていたい》の要因となる、大きな腐敗が起こっているところとして、公立学校があると思います。今の公立学校には、制度的な〝金属疲労〟、制度的な限界が来ているのではないかと思っております。

例えば、公立学校の「六・三・三・四制」、あるいは、「文科省《もんかしょう》や日教組が進めているような、平等教育、一律教育からは天才児が出てこない」という問題もあろうかと思います。

今、もし福沢先生が、この公立学校をゼロベースで立て直すとするならば、どのような制度をつくっていかれるでしょうか。

福沢諭吉　まあ、公立は駄目だよ、基本的に。やはり、教育の原点は私塾《しじゅく》だと思うな。それは、先ほど言ったように、「先生を選ぶことができる」ということだよ。だから、「誰に教わりたいか」ということが大きいと私は思うな。

公立なるものでは、ほとんど、住んでいる所を中心に学校を決めることが多い。

また、今の公立には甘えがあって、塾や予備校などで勉強しなければ進学ができないようになっている。

もし、無償化という流れが、「塾代や予備校代が払えないので、学校のほうは無償にします」ということであるならば、もう一歩、踏《ふ》み込《こ》んで、「その学校そのものが存立の危機を迎《むか》えている」と言わざるをえないと思う。

だから、もう、公立の時代は終わったかもしれないねえ。

貧困層などのために公立は存在してもいいのかもしれないけれども、多少なりとも親が仕事で成功した人の子供は、やはり私立のほうを選んでいくのが、これからは当たり前の姿になっていくだろうね。

もう公立の時代が終わったんだと思うよ。国民に教育を与《あた》えようとして国家自体が取り組んだ、お役所的な丸抱《まるがか》え体質の時代が終わったんだと思う。

そして、各自が多様な教育を選ぶ時代に入ったんだと思うんだ。

だから、「多様な教育」という意味では私立のほうがよろしいと思う。そこでは、先ほど言った、「宗教的なもの」も教えることができるしね。

それで、教育資金的なものについて言えば、アメリカなどもそうだろうけれども、各種の奨学金《しょうがくきん》を得られるシステムがたくさんあるね。

何校にも願書を出し、奨学金が出るかどうかを見て、出るところに行く場合がある。あるいは、「学生結婚《けっこん》をし、カップルの片方が大学院に行っている間《あいだ》に片方は働き、片方が大学院を出て就職したら、今度は、もう一人のほうが、学生に戻《もど》って勉強する」というようなことをやっているところもある。

そういうことが多く行われる時代も来るかもしれないね。

だから、基本的には、もう私立の時代に入ってきている。

特に上の層と特に下の層と、この両極端化《りょうきょくたんか》したところの人たちにとっては、国公立がまだ存在する意義が多少ありうると思う。しかし、大多数、八割がたの人にとっては、実は、私立型の多様な教育方法のなかから、自分に合ったものを選んでいくほうが幸福な時代に入ったのではないかと思うね。

そういう意味では、やはり、「私立を増やして、公立を減らしていく」というのがよろしいと思います。

「才能を伸《の》ばす教育」にも力を入れよ

C――　ありがとうございます。

この、「私立を増やして、公立を減らしていく」ということと関連いたしますが、幸福実現党は「公立学校の民営化」等を訴《うった》えております。これについてアドバイスを賜れればと存じます。

福沢諭吉　会社として見たら倒産《とうさん》しているようなものは、やはり、何とかして片づけなければいけないだろう。「学校に行ったら、いじめられるので、もう行けない」とか、「学校に行ったら、みんなで遊んでいるだけだ」とか、まあ、そういうところは倒産状態だな。

「教員は失業対策のためにいるだけ」というようなところは、よろしくないね。

あと、もう一つよろしくないのは、才能教育が十分にできていないところだろうか。突出《とっしゅつ》した才能を持っている子たちを育てることが十分にできておらず、全員を同じようにしていき、「才能のある人は、才能を潰《つぶ》されて、才能のないところを持ち上げられる」というようなかたちかな？

そして、用意されていることの全体について、均等に、ある程度できるような人が、評価されていく傾向《けいこう》があるのだけれども、そういう人がいちばん向いているのは役所なんだよね。役所のようなところには向いているんだ。

しかし、一般《いっぱん》の社会においては、やはり、みな〝一芸〟で生きているんだよ。何か一つの才能で生きている人が多いので、何か突出したものがあれば、それで十分に生きていけるんだ。

このへんについて、「将来設計は将来において行えばよい」ということで先延ばしにしているのだけれども、「やはり、才能型の教育においては、もう少し取り扱《あつか》いを自由にしないといけないのではないか」という感じはするね。

それから、学校では、子供が不良化したり、いじめが流行《はや》ったり、暴力が蔓延《まんえん》したりしている。次に、警察沙汰《ざた》が増え、麻薬《まやく》や覚醒剤《かくせいざい》、その他《た》、いろいろとあって、犯罪の巣窟《そうくつ》のようになっていくのであれば、学校には、もう行かなくてもいいと私は思う。

私塾《しじゅく》の時代に戻《もど》してもいいと思うね。

標準的な勉強をしたい人は学校に行って、特色のある勉強をしたい人は、私塾を選んで行ったほうが、よろしいのではないだろうか。

また、学歴社会型の、ものの見方について、多少、変えたほうがよいかもしれないね。

慶応《けいおう》大学や早稲田《わせだ》大学、東京大学などを出た人には、偏差値的《へんさちてき》な秀才《しゅうさい》としては、統計学的に「優秀」という判断が下されるのだろうけれども、「ある仕事をさせたら優秀かどうか」ということは分からないわけだ。

やはり、実社会において、ある程度、活躍されたような方が、有志となって、どんどん私塾を開いていかれてもいいのではないかと思われるね。

私は、そういうものがもう少し出てもいいのではないかと思う。

勉強する気が本当にある人が、教えてくれる人を求めて行く学校がないと、やはり、世の中は良くならないのではないかな。それは何か特色のあるものでよろしいと思うんだ。

だから、「すべてが総合化し、平均化していく」ということが必ずしもいいかどうか分からないね。

例えば、数学なら数学で天才を出したいのに、全教科において満遍《まんべん》なく勉強をずっとさせていたら、そんな天才など出ないんだよ。数学の才能があると思ったら、やはり、そちらのほうにたっぷりと時間をかけて勉強させてやるような、そういう自由性がないと、現実には難しいんだよ。数学や物理の分野でも、もっともっと、進歩、進化してほしいと思うな。

語学でもそうだ。語学で、できるようにしようとしたら、現実には、できるんだよ。だから、英語の専門学校に通《かよ》った人のほうが、東大を出た人よりも、英語ができることなど、いくらでもあるわけだからね。

何かに集中しないと、人間は一流まで行かないんだ。そのへんが、分かっていないところだね。

基礎《きそ》教養として必要なものはあるんだけれども、これがもう少し分かれてもいいかなという感じかね。時代的には、これは体系的に廃棄《はいき》しなければいけない時期が来たのではないかと思うよ。

C――　ご指導ありがとうございました。教育界の、まったく新しいパラダイムシフトを進めてまいりたいと思います。

7 「幸福価値」の創造に向けて

C―― 最後になりますが、当会へのメッセージを賜《たまわ》れればと思います。

福沢先生は、ご生前にも、大きな未来設計図、文明論として、「脱亜入欧《だつあにゅうおう》」や「和魂洋才《わこんようさい》」といった言葉で近代日本の姿を描《えが》かれ、日本は、そのとおりに発展してまいりました。

今、主エル・カンターレが降臨し、日本全国にも、現代の私塾《しじゅく》とも言える支部が展開されております。

そうしたなかにおいて、当会の向かうべき方向について、ご指導を賜れればと存じます。

東京都と同じぐらいの予算を、あなたがたにあげたい

福沢諭吉　国全体を見ると、まあ、「予算がない」とか、「財政赤字だ」とか、いろいろと言っておるけれども、現実には何十兆円というお金が動いているわけだな。

その何十兆円というお金を、どう使うかの問題だね。その大部分は虚《むな》しく使われている。九十何パーセントは虚しく使われていると思える。

今、あなたがたは教えを世界に弘《ひろ》めようとしているけれども、あなたがたが使えている予算は、国家予算と比べれば、それは微《び》々《び》たるものだ。また、大きな会社から見ても、まだまだ微々たるものかもしれないね。

それでもって戦っている。まことに気の毒ではある。国内のレベルで見たら、もはや私塾とは言えないかもしれないが、世界のレベルで見たら、まだ私塾のレ

ベルかもしれないね。ですから、私は、気の毒だと思う。

だから、幸福の科学に、せめて東京都と同じぐらいの予算をあげたいなあ。そのぐらいの予算があれば、あなたがたは、百年、得をするよ。百年、仕事が早くなるな。もったいない。もったいないねえ。

国家予算で使われているのは、ほとんどが〝失業対策費〟なんだよ。要《い》らない仕事のために、予算がものすごく使われているんだ。

大勢の人から税金を取って、そのほとんどを失業対策費で使っている。そして、何十兆円ものお金が、毎年毎年、消えていっているんだ。

せめて東京都と同じぐらいの予算を、あなたがたにあげたいなあ。そのぐらいあれば、ああ、どれだけ仕事ができるだろう。本当に、まことにもって、もったいないことだな。

ただ、それを望むことは、そう簡単にはできないであろうし、「独立自尊の精神」にもとるから、援助《えんじょ》を受けることなく自分たちで資金を集め、新しい価値を生み出して、他《た》の国にも、必要な啓蒙《けいもう》手段を施《ほどこ》して、教えを広げていきなさい。独立自尊の精神が必要なのは、もう、今は、慶応《けいおう》ではなくて幸福の科学だ。独立自尊の精神でもって、全世界に教えを広げていきなさい。

できれば、東京都と同じぐらいの予算を、あなたがたにあげたい。それをあげたいのは、やまやまだけれども、いきなりポンとあげれば、あなたがたも堕落《だらく》するかもしれないのでね。だから、自分たちで努力すべきだと思う。

教育も宗教も、付加価値の創造が大事

宗教で大切なことは、基本的には「付加価値の創造」だよ。教育もそうなんだがね。教育も宗教も同じだと思うよ。

多くの人に対する付加価値の創造だ。その付加価値の創造が、経済的な推進力

にもなるし、広がるための力にもなっていくのだと思う。

どうか、さらなる精進《しょうじん》を重ねて、十倍、百倍のパワーを自らの力で付けるように努力してください。それは、遠回りかもしれないけれども、あなたがたが輝《かがや》き続けるためには、おそらく必要な道のりであるのだろう。さまざまな偏見《へんけん》や嫉妬《しっと》、攻撃《こうげき》に耐《た》えながら、大きくなっていこうと努力していくことが大事だね。

「付加価値」という言い方をしたが、結局、あなたがたで言えば、世の人々の「幸福価値」を創造していくことだよ。

今、政府が、そんなことをやろうとしているそうだけれども、これは逃《に》げだろうね。政府はいつから宗教になったのか訊《き》きたいぐらいだ。予算を何十兆円も使っている罪悪感から、宗教に変わろうとしているようだが、政府は政府で、実業において成果をあげなければならないと思うね。それは政府の仕事だよ。

あなたがたにとっては、人間の幸福を本当に総量として増やしていくことが仕事であると思う。

政治と宗教が意外に近づいてきているので、難しいこともあるかもしれないが、常に、人々を幸福にすることを考え続け、その流れのなかで自分たちの発展を願うことだね。そして、今は、既成《きせい》の、いろいろな有力大学等もあるのだろうけれども、まだこの世にないものをつくり上げていくことが大事だね。そこに新しい価値を生み出すことが大事だと思う。

幸福の科学は、天上界《てんじょうかい》の啓示《けいじ》に満ちた宗教であり、お稲荷《いなり》さんをばかにした人までが霊示《れいじ》を降ろす宗教ですから、「なんと、心の広く、幅《はば》のある宗教であるか」と思うね。

人々によく活用され、頼《たよ》りにされる宗教となれ

ただ、あなたがたは宗教家であるけれども、優《すぐ》れた教育者でもあると私は思う

よ。

優れた教育者であるためには、基本的には人格教育ができなければならないんだ。宗教を根本的に否定するようであっては、教育者としては大成しないと思う。ある意味で、教員がどんどん信者になってくるようでなければ、日本の教育は改革されないと考えてもよいと思うね。だから、教員向けのメッセージも出したほうがいい。

あなたがたは、良い仕事をしているとは思うけれども、まだ、もう一段、〝神風〟が吹《ふ》いていない感じがするんだよ。もう一段、大きな力が出てくる時期が、きっとあると思うね。

今は、あなたがたにとって、耐える時期なのかもしれない。この間《あいだ》に、しっかりと力を蓄《たくわ》える必要がある。新時代のリーダーになるための、魂《たましい》の鍛練《たんれん》の時期だと思わねばならないね。

弱者に優《やさ》しいことも大事だが、しかし、未来を明確に指し示すこともまた、宗教の重要な仕事であると考えることが大事だね。

十分に助けてあげられなくてすまないね。

しかし、教団としては、もうすでに慶応大学ぐらいの力は十分に持っているよ。これから、さらに国際的に発展していけば、それ以上のものになるだろうから、あなたがた自身で、頑張《がんば》って力を付けていくことが大事だね。真に、独立自尊、独立不羈《ふき》の精神を持ち続けてほしい。

「親方日の丸」的に他のものに頼《たよ》ったものは、みな駄目《だめ》になっていくんだから、あなたがたは他のものに頼らず、自分たちで道を拓《ひら》いていくように努力したほうがよいと思う。

宗教であっても、私の実学の精神と同じく、「実際に活用されないような宗教は、この世においては必要とされない」と思ったほうがよいだろうね。

人々によく活用され、頼りにされる宗教になってもらいたいと思います。

C――　ありがとうございました。私たちは、独立自尊、独立不羈の精神を魂に刻《きざ》み、鍛練、努力・精進《しょうじん》を重ねて、必ずや、新時代のリーダーとなり、幸福維新《いしん》を成し遂《と》げてまいります。

福沢諭吉　はい。

8 「幸福の科学学園」の教師のあり方

大川隆法　（会場に向かって）何か訊《き》きたいことがある人はいますか。いないですか。「私も慶応《けいおう》出身だ」とか言って、何か一言、挨拶《あいさつ》したい人……。

（Dが手を挙げる）

ああ、では、どうぞ。

D――　よろしいでしょうか。

大川隆法　ああ、いいですよ（笑）。

（合掌《がっしょう》し、瞑目《めいもく》する）

D――（質問者の席に座《すわ》る）福沢先生、本日は、多大なるご指導を賜《たまわ》り、まことにありがとうございました。私は幸福実現党で広報部門の担当をしております。

福沢諭吉　うん。

D――先ほどA君からも話がありましたが、幸福の科学学園中学校・高等学校が、いよいよ、この春、開校します。そして、二〇一六年には幸福の科学大学の開校を目指しているのですが、やがては小学校まで含《ふく》めることになる計画を、大川総裁からいただいております。

福沢諭吉　幼稚園《ようちえん》まで行くでしょうね。

D――　はい。幼稚園まで行きます。

福沢諭吉　うん。

D――　先ほど、慶応の幼稚舎について、結局は身分制のようになってしまったと……。

福沢諭吉　ハハハハハ、すまんなあ。あんたもそうか。

D――　はい。ただ、私も、あのなかにいながら、本当に、そう思っておりました。途中《とちゅう》で、「このままでは自分も駄目《だめ》になる」と思ったのです。

福沢諭吉　うーん。

D――　どこかで内部進学者的意識を払拭《ふっしょく》し、学問で頑張《がんば》りたいと思い、一念発起《いちねんほっき》した時期もあったのですけれども……。

福沢諭吉　ただ、六本木で遊んだな。

D――　ええ、六本木でも……（会場笑）、自由が丘《おか》でも、いろいろと遊ばせていただきました。はい。失礼しました。

そこで、幸福の科学学園が、今後、一貫校《いっかんこう》として、慶応の良くない部分の轍《てつ》を踏《ふ》まずに伸《の》びていくためには、どういった教育方針でいけばよいのでしょうか。学園事業に関しまして、一貫教育のあるべき姿をご教示いただければ幸いでございます。

教師たちに「宗教家」としての経験を必ず積ませよ

福沢諭吉　最初は、ほとんど教員にかかっているね。「教員に、どれだけの熱意と使命感があるか」ということだな。

基本的には、「建学の理念」というものが、やはり大事だと思う。いろいろな学校の教員だった人を集めてはいるのだろうが、彼らは、幸福の科学の信者ではあっても、授業となれば、たぶん、元の職場の習性が戻《もど》ってくるはずである。

「幸福の科学学園で、生徒をどのように教えるか」ということについての具体的な指導は、必ずしも十分には受けていないであろうから、やはり、前に勤めていた学校のときのあり方を復元してくるであろうと思う。

そこが、いちばんの問題点かなと思うね。まだ、「教員即《そく》宗教家」ということにはなっていないところが問題だな。

宗教について勉強はしているけれども、宗教家としての経験を積んでいない人が学園の教員になっているので、宗教家にはまだなり切っていない人たちが教えることになり、今のままでは、彼らは、この世の学校の復元をしようとするだろう。

また、宗教的な経験の長い、「宗教家」と認定できるような人が、学園内にいたとしても、教員たちは、やはり、「教育に関しては自分たちのほうがプロである」という認識を持っているために、そのへんで意見の齟齬《そご》が起き、運営上、スムーズに行かない点が出てくるだろうと思う。

だから、最初はしかたがないかとは思うが、ある程度、かたちができてきたら、教員にも、一定の期間、宗教家としての訓練を受ける期間を経験させたほうがいいかもしれないね。

まあ、最初はしかたない。単に教師として教えるだけかもしれないけれども、途中で、ある程度、教員の補充《ほじゅう》ができてきたら、免許《めんきょ》の更新《こうしん》ではないが、ときどき、一定の期間、宗教活動のほうで訓練を受ける必要がある。宗教活動の期間を何年か周期で入れないといけない。

教師にも、あまり知的ではない面もあるんですよ。十年一日《いちじつ》のごとく、毎年毎年、同じことをずっと教え続けていると、もう内容を覚えてしまっていて、〝古典落語〟の世界に入っていき、新しいことをやらなくても教師をやれるようになってくることがある。先ほど言ったように、人生経験を少し増やさないと、子供を導くのに十分でないところが出てくるんだな。

スタートラインにおいては、中央部分から出ている理念や情熱を受け継《つ》いで行動するとは思うけれども、やがて、〝普通《ふつう》の学校〟に戻っていく力が必ず働いてくるので、途中で、やはり、「宗教家」としての経験を必ず積ませるように努力したほうがいいと思うね。

これは、ぜひ、一言、申し上げておきたいと思う。

このへんで派閥《はばつ》が生まれて、うまくいかなくなるということが、いちばん懸念《けねん》されることだね。

教師は人格を磨《みが》き続け、自分の悟《さと》りのレベルを上げよ

現在、教員自体は、進化しなくても生きていける職業になってきているんだ。

彼らは研究というものをあまりしないのでね。

ここのところで、「人間としての成長を続けていくことの大事さ」というか、「人格を磨《みが》き続けることの大事さ」は、やはり、教えておかなくてはいけない。

そのためには、今言ったように、宗教家として専念する時期も要《い》るけれども、それ以外のところでも、宗教的な修行を積み続けて、自分の悟《さと》りのレベル、人格のレベルというものを、上げていく部分をつくっていかないといけない。

「忙《いそが》しい」という言い訳をたぶん使うであろうけれども、それでも、「宗教修行者としての面も持っていなければいけない」ということだ。

キリスト教系の学校であれば、だいたい修道士や修道女が先生になっているだろう？　プロの宗教家が学校の先生もやっているから、感化力があるんだね。

しかし、幸福の科学学園においては、信者ではあっても、プロの宗教家ではない人が先生になっていることがほとんどなので、ここがまだ中途半端《ちゅうとはんぱ》なところであると私には思える。このへんで努力しなければ、しばらくすると軋《きし》み始めると思うよ。

D―― ありがとうございます。運営にまで踏み込《こ》んだ、きめの細かいご指導をいただき、感謝いたします。

9　現在、天上界《てんじょうかい》から何を指導しているか

D――　ところで、福沢先生は、現在、天上界《てんじょうかい》では、メインのお仕事というか、おもに、どのような分野で……。

福沢諭吉　ハッハッハ。

D――　ご活躍《かつやく》されているのでしょうか。

福沢諭吉　君、鋭《するど》いじゃないか。幼稚舎《ようちしゃ》も、ばかばかりではない。良かった。鋭い

のが、まだ少しはいるのか。うん、うん。

何をしているか聴《き》きたいか？

D――　はい。

日本経済を立て直すために、未来産業を構想している

福沢諭吉　そうか。まあ、教えてあげてもいいがね。

今、私が主としてやっていることは何かというと、実は、指導しているものがあるんだよ。

私が指導しているのは、実は慶応義塾《けいおうぎじゅく》ではないんだ。申し訳ない。慶応義塾を指導しているわけではなくて、まあ、私の似顔絵を刷っているところを指導しておってな。まあ、これは象徴的《しょうちょうてき》な言い方だがな。日銀を中心とする日本経済の立

て直しのところに、今、関心を持って指導に入っている。「銀行、財界等を、どうやって立て直すか。そして、日本を〝沈没《ちんぼつ》〟から救うか」ということだな。これのほうに、今、エネルギーを注いでいて、慶応のほうは、少し、こちらにある（脇《わき》のほうに手を振《ふ》る）。

慶応も株の運用でだいぶ損をしたので、株価を上げる努力をしなければ慶応自体も沈《しず》んでしまう。「慶応を指導するより、株価を上げることのほうをやらなければいけない」と考え、「実業の盛り上げを、どうやって行うか」ということの検討をしているところだな。

そのなかにおいても、教育に関して言えば、「未来の産業をつくる教育を拓《ひら》かなければならない」ということだな。「未来の産業をつくる教育を拓くためには、どうすればよいか」ということだけれども、それは、「未来産業とは何か」ということを明らかにすることだな。

「未来産業が何であるかを明らかにすれば、それに向けての教育の準備が始まる」ということだね。

「今、そういうことをやらねばならん時期が来ている」ということで、日本経済の立て直し構想と、未来産業の開発構想にかかわっている。

トヨタへのバッシングが象徴《しょうちょう》している「日本の現状」とは

それが一つと、もう一つ、私の専門ではないのかもしれないし、他《た》の人とも協力しながらではあるけれども、「次の時代の経済原理をつくらなければいけない」と思っているんだな。

政府は長らくケインズ経済学に頼《たよ》ってきたし、最近では、マネーサプライ系の経済学も入ってきたけれども、どれも中途半端《ちゅうとはんぱ》で効果を発揮しない。そこで、「次の時代の経済学を何かつくらなくてはならない」ということで、今、私たちが検討しているところなんだな。

この経済のところを乗り越《こ》えなければ、次の時代の日本はありえないし、他の先進国も、またありえないと思う。「農業国から工業国へ、工業国から商業・サービスの国家へ」と発展していくルートは、過去、できてきたのだけれども、「これから先の経済において、未来産業は何でもって食べていくのか」というところが問題だね。

特に、「日本なら何ができるか」ということを考えて、これをつくらなくてはならない。

今、トヨタの問題が起きておるけれども、自動車産業は二十世紀のアメリカの産業ですよ。そのアメリカのビッグスリーをトヨタが追い抜《ぬ》こうとした途端にバッシングが始まった。

このようなときは、昔であれば、下手をすると戦争がすぐに起きるような状態なんだね。こういうときに、「次にどうするか」というようなことを考えなくてはいけない。

蚕《かいこ》と言うと、今の人は、ちょっと〝ずっこける〟だろうけれども、昔は、養蚕《ようさん》業から絹織物をつくることが日本の自慢《じまん》の産業であった時代もあれば、綿糸などの繊維《せんい》の時代もあり、鉄鋼の時代もあり、電化製品の時代もあり、自動車産業の時代もあった。

そして、今、トヨタの問題が起きておるが、これは象徴であろうと思うんだな。これは、「ものまねをしている国が、トップを走っている国を追い抜《ぬ》いたら、祟《たた》りが来るぞよ」ということを意味しているんだろう。だから、本来なら、これは、もう、「真剣《しんけん》を抜かれたし」ということで、斬《き》り合いだな。本当ならば、真剣勝負。アメリカから、今、果たし合いを申し込《こ》まれているところだな。

「アメリカのものまねをして国を大きくし、ここまで来た。そして、アメリカは自動車の国であることを知っておりながら、その、ビッグスリーと戦って勝つつもりでおるのか。では、もう木刀《ぼくとう》や竹刀《しない》は要《い》らん。さあ、真剣を抜いて斬り合おうではないか」と、あるいは、「互《たが》いに背中を向け合って、十歩歩き、振り向きざまにピストルにて撃《う》ち合おうではないか」と、こう来たわけだ。

これが今の状況《じょうきょう》だな。

そのなかで、トヨタなどがカイゼンをしてもよろしいのだけれども、これについては、先行き、日本発の次の産業、日本が先発の産業をつくらないかぎりは、たぶん駄目《だめ》だと思う。これは限界が来ていることを意味しているな。

ロボットが生んだ付加価値に税金をかければよい

では、日本発の産業として何があるか。

自動車をつくったりするような用途《ようと》では、ロボット産業は、ある程度、発達しているのだけれども、残念ながら、民生用のロボットでは日本は後れていて、まだ十分ではないんだ。

今、これだけ人口減が言われていて、「移民を入れるかどうか」と検討している時期なのだから、これは、「移民を日本国民に仕立て上げること」と、「人間の代わりをするロボットの開発」との戦いではないかと私は思うんだよ。

結局、移民を入れてでも欲しいのは、要するに、付加価値の低い単純労働や、きつい肉体労働の部分だろうね。

移民が働くのは、工事現場だとか、家庭のなかでの雑用だとか、医療《いりょう》・介護《かいご》の分野だとか、そうした、高学歴の人たちが嫌《いや》がるような仕事のところだよね。

ここのところで、「ロボット産業を大きくできるか」ということと、「移民を増やして日本人になじませるか」ということとの戦いだと思う。

あなたがたは「人口三億人構想」とか言ってはいるけれども、今の日本の人口が一億三千万人であり、そして、これが減っていく傾向《けいこう》にあることから見て、人口が三億人になれば、二億人くらいは移民になってしまう可能性だってあるから、日本が日本でなくなる可能性もあるわけだ。

だから、私としては、人間にだけ働かせて、人間にだけ税金を払《はら》わせるのではなく、ロボットにも税金を払ってもらったらいいんだと思う。

ロボットに税金を払わせるんだよ。新しい付加価値の創造だよ、君。ロボットに人権を与《あた》えるんだよ、一定のレベルのね。

ロボットに、ある程度の意思を持たせて労働をさせ、ロボットが稼《かせ》いだお金に一定の税金をかけるんだよ。そうしたら国家の収入が増えるから、人でなくたって構わないわけだ。

「三食を食べてトイレに行く人が税金を払わなくてはいけない」という決まりは別にない。物品税だとか、相続税だとか、消費税だとか、輸入品への関税だとか、いろいろなものに税金は発生するし、地方道路税などのガソリン税もあるんだから、ロボットに高い付加価値が出てくれば、次はロボットを一つの財源に変えることだって可能なはずだ。

そして、「税金がかかるので高い」と思わせないだけの付加価値をロボットに生ませることが大事だね。

例えば、今、介護の人を雇《やと》ったら、やはり、月三十万円では、なかなか済まないよね。だから、それ以上に働く介護ロボットを使ったら、介護の人が払う以上の税金を、その介護ロボットが払ってくれたって構わないわけだ。

料理ロボットのニーズは非常に大きい

それから、先ほど質問した人が、「男性と同じ学問をして、同じ仕事をしたら、女性は立場が厳しくなる」というようなことも言っていたけれども、いや、女性の機能の一部はロボットに分化していってもいいと私は思うよ。

だから、子育てロボット、家事ロボット等がしっかり仕事をすればいいし、料理ロボットもいいと思うなあ。人間がつくるよりずっとうまい料理ができるかもしれない（笑）。

上手な料理をつくるロボットをつくれたら、車より値段が高いかもしれない。一千万円以上出してしまうかもしれないね。「奥《おく》さんをもらう代わりにロボットを買ったほうがいい」「奥さんよりロボットのほうがいい」ということだって、あるかもしれない。それはありうるね。性能がどんどん進化していけば十分にありうることだな。

女性がみな料理が上手にできるなど、そんなことはありえない。料理ができることはできるかもしれないが、できたとしても、女性全員が上手だということは、ありえない話で、向かない人はたくさんいるわけだから、今後、そういう人が増えるとすれば、その部分をロボットで埋《う》めていく必要があるね。

だから、料理ロボットのニーズは非常に大きいと思う。

これにはベンツよりも高い値段が付く可能性があるし、そうしたロボットをつくる過程でGDPを増やすと同時に、新しい税金の種をつくることだって可能だろうし、海外に輸出することもできる。

外国につくれないものが日本でつくれたら、それは、当然、輸出の対象になり、そうすると、当然、国富が増えるね。そういうことがある。

それから、農業の分野では、農業人口が減り、専業農家が減っている。実際上、もう、ごくわずかしかいないと言われていて、それも、ほとんどが、六十歳《さい》以上の人だね。

このようなところには、青年を集めるのも一つだけれども、やはり、農業においても、ロボットを使えばよい。ロボットを、もっともっと多様化させて、付加価値の高いロボットをつくっていけば、会社型経営に非常になじむものができてくる可能性が高いと思う。

日本は非常に土地の狭《せま》い国ではあるけれども、その狭いところで、高い生産性を誇《ほこ》る農業をつくるには、やはり、高性能ロボットは必要だと思うね。

ロボット産業と宇宙産業を拓《ひら》かないと、日本の未来はない

このように、私は、人口減を補うロボットによる、生産の増大と、「税収に当たる部分を、どうやってつくるか」という意味での、新しい経済学の構築を、今、考えている。また、宇宙に向けての産業のつくり方だね、このへんを研究している。

ロボット産業と宇宙産業を拓《ひら》いておかないと、たぶん未来の日本はないだろうと思われる。

まあ、「宇宙人が来ている」という話も最近よく聞くけれども、「彼らとは何百年も千年も文明落差がある」ということであれば、「宇宙のところにも、まだ無限の進化の可能性がある」ということになるね。

だから、こういうことを、やはりやりたい。

先ほども述べたけれども、ある意味で、教育のところも、ロボットの入り込む余地のあるところだね。教育ロボットというものも、ある意味では、ありうると思うね。

教育も一つのソフト産業なので、優秀《ゆうしゅう》な教育ロボットは、開発の可能性としてはある。これは、つくれると思うね。そうしたら、教員不足が補えるし、ロボットは労働組合をつくらず、本当に日教組も北教組もつくらないので、非常に便利だね。

そういう意味では、自動車産業のトヨタの今の苦境を見て、実は、「次の世代の産業を創造し、日本はパイオニアとして活躍しないと駄目だ。そういう時代が来たのだ」ということを悟《さと》らなければいけないと思う。

ジャンボ機をアメリカから買うばかりではなくて、ＵＦＯでも本当に構わないと思うけれども、次の世代の旅客機をつくっていかなければならないと思うね。

ただ、大量輸送ということであれば、船の速度を上げる方法をもっと考える必要があるね。人や物を大量に高速で運搬《うんぱん》できるのは、やはり船だな。飛行機では量が限られているので、船の速度を上げる方法を考えなくてはならない。

あと、陸地のほうは、かなり調べられていると思うけれども、海底資源の探索《たんさく》の関連産業も必要だね。ここでも、またロボットの必要性が出てくるけれども、「海底をどのようにして〝耕《たがや》す〟か」ということが問題である。

私は、今、そのような、未来産業と未来経済のあり方を研究している。いろいろな会社で、そういうことに取りかかっているところには、関心を持っていて、指導に入ろうとしているところだ。
まあ、決して、慶応の卒業生がたくさん入っている会社ばかりを指導しているわけではないがね。
でも、次の経済学は必要だね。紙によるマネー経済が、もうすぐ終わるので、「マネー経済の次に何を起こすか」ということを、今、考えている。

D——　ありがとうございます。今、日本経済復活のシナリオについて関心を持たれ、これからの日本経済の立て直しに向けて中核《ちゅうかく》のお仕事をされていると伺《うかが》って、目からうろこが落ちる思いであり、びっくりしております。

福沢諭吉　あなたがたの先輩《せんぱい》は偉《えら》いんだよ。

D――　はい、本当にそう思います。

福沢諭吉　うん、君たちと違《ちが》ってね。まだ頑張《がんば》っているんだよ。

D――　はい。

福沢諭吉　勉強中だよ。

D――　はい。

福沢諭吉　学問の力は今も生きているんだよ。

D――　はい。

福沢諭吉　しっかり学問をすることが大事だ。

D――　はい。

10　幸福実現党の政策について

D――　私たち幸福実現党では、夏の参院選を控《ひか》え、今、特に安全保障の面で、政策を固めつつあるところなのですが、経済成長戦略については、「国民にいちばん訴求《そきゅう》するものは何だろうか」ということについて、ずっと議論を重ねているところでございます。

福沢諭吉　うん。

D――　特に、昨年（二〇〇九年）夏の衆院選の折には、「減税」「消費税撤廃《てっぱい》」

ということを一つの旗印に掲《かか》げて戦ったのですけれども、短期的には、その政策の根拠《こんきょ》となる経済メカニズムを、なかなか受け入れてもらえないところもありました。

今でも、やはり、「減税と安全の幸福実現党」という標語は生きておりますので、次の参院選においても、これをしっかりと掲げて戦っていくべきなのか、少し路線を変えたほうがよいのか、アドバイスがございましたら、よろしくお願いします。

日本には「次の国家戦略」が必要である

福沢諭吉　宗教には、「自力型宗教《じりきがた》」と「他力型宗教《たりきがた》」とがあるよね。「自力は難《なん》行道《ぎょうどう》で、他力は易行道《いぎょうどう》」と言われている。

他力とは、「阿弥陀《あみだ》様に頼《たの》みます」というものだな。こちらのほうが大きい。

で、「大きな政府」というのは、「何でも面倒《めんどう》を見ます」ということで、税金を払《はら》わなくても面倒を見てくれるような、まことに結構な〝阿弥陀型宗教〟なんだよ。

ところが、「反省しなければ救われません」という教えは人気がないわけだ。それが、幸福実現党が選挙で負けた理由だと思う。

ただ、根本《こんぽん》は「国家の目標」の問題だと私は思うんだよ。日本には国家目標がもうないんだと思う。

「アメリカは強すぎるし、進みすぎているため、アメリカを抜《ぬ》くことは、ちょっと無理だと思う。一方、中国に抜かれないようにしようとしても、中国は人口が多いので、このままでは抜かれていくだろう」というようなことで、日本の国民全体が、これから、負け犬に転落していこうとする流れかと思うんだな。

だから、このなかでの次の国家戦略が必要だね。

「小さな政府」と「防衛の強化」を、どう両立させるか

今、防衛だとか何だとか言っているけれども、国力が二位から三位に落ち、四位に落ちていくと、だんだん声が小さくなっていくようになるだろう。そう思うね。

「減税か、安全か」ということについてだけれども、「独立自尊の精神」から言うと、基本的には、方法は二つしかない。

一つは、小さな政府の下《もと》で、各人が自分のことについては自己防衛をしていく方向だと思う。

もう一つは、国家というものが、聖なる使命を持ち、「強くなっていこう。伸《の》びていこう」という理念、理想を持っていて、それを国民が強く支えていこうとしているのであれば、今度は、逆に、「国民が働いて税金を納めていくような国

家にしなければいけない」という方向がある。

だいたい、この二種類だな。だから、「自分のことは自分でやりなさい」というものと、「国家と一体になり、まだまだ『坂の上の雲』を目指してやりましょう」というものの二種類がある。

もし防衛を強く言えば軍事費は増大するので、歴史的には増税が普通《ふつう》だな。アメリカも、おそらく、軍事費は国家予算の四〇パーセントくらいはあるのではないか。日本が、今、防衛予算を四〇パーセントまで上げたら、おそらく、そうとうなものになるだろうと思う。

だから、「小さな政府にする」ということと、「防衛を強化する」ということが、必ずしも一致するかどうかは分からないと思うね。それには矛盾《むじゅん》している面があって、それが去年の選挙で十分に勝てなかった要因かもしれないね。

さらに、政府の宣伝によって、国家の財政赤字については、もう十分に知れ渡《わた》っていたので、あなたがたが掲げた、「消費税は廃止します」という政策が、ある意味でのバラマキ、甘《あま》やかしに見えていたことも事実であろう。

未来産業の基盤《きばん》づくりは国家が担《にな》うべきである

しかし、増税するにしても、日本の経済が現状維持《いじ》のままで増税をかけるのは無理な話で、そのようなことをすれば、結果は不況《ふきょう》の増大以外にありえない。

したがって、新産業を起こし、国内総生産を上げるなかで税収増を願うのが、基本的な考え方だと思う。だから、やはり、鳩山《はとやま》のやり方は間違《まちが》っているとは思っているよ。

民間ではできないような基本的インフラの整備の部分は、やはり、国家がやらなければいけないので、そこから逃《に》げたら駄目《だめ》だ。だから、ダムだろうと、道路だろうと、大きな公共事業だろうと、それは国家の仕事なんだ。やはり、それを、ある程度やらなければ、景気は回復しないし、失業も減らないし、次の産業の繁《はん》栄《えい》がないんだよね。

単なる、年度末になると道路を掘《ほ》り返すようなかたちでの公共事業では駄目なんだよ。そういう、失業対策のためだけの公共事業は駄目なんだ。

そういう公共事業ではなくて、未来産業を拓《ひら》くための基盤《きばん》、インフラづくりとしての公共事業をやれば、次の時代は明るいんだよ。それが大事なんだ。だから、未来の設計図を、やはり描《えが》かなければいけない。

今、交通革命のところに一つの重点を置いているんだろう？

D――　はい。

福沢諭吉　それはいい。

ただ、人口が減るのであれば、マンションとか、そういうものに関しては、供給過剰《かじょう》で、今後、余ってくるので、おそらく業界は苦しくなってくるはずだ。

けれども、先ほど言ったように、ロボットが増えるのだったら、「ロボットが稼働《かどう》しやすいスタイルの住居に変えなければいけない」という、建て替《か》え需要《じゅよう》は起きるな。

「犬が飼《か》えるマンション」ではないけれども、「ロボットが〝飼える〟マンション」「ロボットが行き来できるマンション」となると、今のスタイルのままでは駄目なのではないかな。

たぶん、一家に一台ロボットがあるような時代がもうすぐ来る。それは、あなたが生きているうちに見えてくるはずだから、ロボットが一家に一台いるようなマンションとなると、今の設計では全部が駄目になると思われる。

だから、建て替え需要は起きると思うね。ロボットと共に生きられる住居の開発をしなければいけない。それであれば、ゼネコン型不況は、たぶん解決するはずだ。

官民の垣根《かきね》を低くして効率性を高めよ

あと、防衛産業等のところでは、民生活用ができるものと両用にしておくことが大事だね。「軍だ、民間だ」と分ける必要はなくて、有事のときには軍用に転《てん》換《かん》できるようにすればいいんだよ。

平時には民生用に使えて、有事になったら軍用に切り替えられるようにしておけばいい。今だって、沖縄《おきなわ》では民間と軍とが空港を一緒《いっしょ》に使っているだろう？同じだよ。

軍事施設《しせつ》ばかりつくっているように見せれば、外国から警戒《けいかい》されるだろうから、どちらにでも使えるようにしておけばよい。

それは、悪い意味ではなく、ヒトラーがやったことと同じだな。彼はアウトバーンをつくった。あれは、いざとなったら滑走路《かっそうろ》にもなるものだったな。しかし、あのアウトバーンをつくったということは、ドイツにとっては、ものすごく大きな財産にはなったようだな。基幹的な運輸・運送のために非常に役に立った。

韓国のソウルもそうだ。高速道路は、いざというときには、全部、滑走路に変わるようになっているはずだな。北朝鮮《きたちょうせん》から攻撃《こうげき》された場合、まず空港を潰《つぶ》され、空港での発着ができなくなるので、道路から飛行機が飛べるような構造になっているはずだ。

こういう発想が日本には足りないね。狭《せま》い道路で入り組んでいるから。いざというときには、そうした軍用に切り替えられるけれども、普段は民生用で、きちんと売り上げを生むような装置を施《ほどこ》しておくことが大事だろう。そういうやり方でいいと思う。

だから、「官か、民か」「役所の管轄《かんかつ》か、民間か」「役人か、民間人か」という垣根《かきね》は、しだいに取り払っていかなければならないのではないかな。官と民を分けることで、今、非効率が起きているように思うね。だから、官民の垣根を、やはり、もう少し低くしなければいけない。

先ほどの「学問の有用性」のところでも、同じことが言える。大学教授には、政治家ができたり、官庁の役人が務まったりするような人は少ないし、民間で使える人も少ない。しかし、本当は、どこででも使えるような人材がいてほしいと思うんだな。

このへんについては、アメリカは進んでいるね。だから、民間の投資会社の社長のような人でも財務長官ができるようになっている。まあ、給料は減るけれどもね。日本だと、そう簡単にはできないだろう。

やはり、そういうカルチャー替えは要《い》るかな。官民の垣根を低くしておくことは、お互《たが》いにとって非常に刺激的《しげきてき》ではないかと思うな。

だから、私は天下りに反対ではなく、もっと相互移入をするような流動化政策のほうがいいと思う。軍事予算だけの増大は、なかなか厳しいと思うので、民生予算と一体化したものになっていくべきだろう。そう思うね。

未来社会は「情報選択《せんたく》の時代」となる

中国については、単に仮想敵とだけ考えると、コスト的にはあまり合わないかもしれないので、仮想敵にするよりは、優良なお客さんに変えていくように努力したほうがいいかもしれないね。

なるべく、日本の製品を買わせる方向に持っていき、「日本なくして中国なし」という状態に持っていかなくてはならないと思う。

だから、常に、まねをされる存在であり続けなければいけないかもしれないね。

日本製品を欲《ほ》しがる中国人でなければいけない。「働いて働いて、日本製品を買いたい」と、「お金がたまったら日本製品を買いたい」と、こういう方向に引っ張っていかなくてはならないね。

中国を仮想敵として考えるのは、必ずしもいいかどうかは分からない。ただ、「宇宙産業を発展させておけば、いざというときには軍事用にも転用できる」ということは当然だろうから、そういうことを考えておいたほうがいいのではないか。

だから、そのへんの未来ビジョンを上手に描《えが》くことと、行政の効率化については、まあ、もう一つというところかね。どうしても、もう一つというところがあるな。

マスコミも、これから数年で、かなり潰れていくだろうから、「未来社会がどうなるか」ということについては、厳しい面があるとは思うけれども、単にインターネット社会でもないと私は思うんだよ。一日の時間は限られているので、情報が氾濫《はんらん》する社会が未来社会だとは必ずしも思えない。

手持ちの時間が増えなければよろしくないので、『宗教選択《せんたく》の時代』（大川隆法著、幸福の科学出版刊）という本の書名のようだが、これからは「情報選択の時代」だろうと思うんだな。

情報を増やすことは可能であり、いくらでも増えるけれども、そのなかで、良質の情報を選択する機能のところに、未来産業の芽はまだあるな。

だから、「情報選択の時代」だと思う。どうやって情報を選択するか。これについて一定の発明ができれば、ここに、もう一つ未来産業がつくれるよ。

情報は増え続けるだろう。ただ、人の手持ち時間は増えない。どうやって情報選択をするか。「良質の情報である」ということを、どうやって見分けていくか。ここに、まだ一つの芽があると思えるな。

これは幸福の科学が参入できる部分だと思う。

D――　長時間にわたりお話しくださいました上に、未来ビジョンに関するご指導まで賜《たまわ》り、本当にありがとうございました。

福沢諭吉　はい。

D――　今後ともよろしくお願いいたします。

あとがき

「人間平等」、「学問のすすめ」、「独立自尊」、「職業の大切さ」、「教養の重要さ」、そうしたことをもう一度深く考えてみる時が来たようだ。「教養のある人間が造《つく》る自由な社会」を目指したい。そして、その教養の背景に、「信仰」のバック・ボーンを持ちたいものだ。

いずれにせよ、私たちには、「未来社会」をデザインし、建設する義務がある。私たちの夢には終わりがない。果てしない理想を胸に、何百年、何千年後の世界を構想《こうそう》していきたい。

二〇一〇年　四月

幸福実現党創立者兼幸福の科学学園創立者《こうふくじつげんとうそうりつしゃけんこうふくのかがくがくえんそうりつしゃ》

大川隆法《おおかわりゅうほう》

福沢《ふくざわ》諭吉《ゆきち》霊言《れいげん》による「新《しん》・学問《がくもん》のすすめ」

2010年5月17日　初版第1刷

著　者　大《おお》川《かわ》隆《りゅう》法《ほう》

発行所　幸福の科学出版株式会社

〒142-0041 東京都品川区戸越1丁目6番7号
TEL(03)6384-3777
http://www.irhpress.co.jp/

印刷・製本　株式会社 サンニチ印刷

落丁・乱丁本はおとりかえいたします

ISBN978-4-86395-037-5 C0030
福沢諭吉肖像・「慶應義塾図書館」所蔵
Photo: ©photogl-Fotolia.com

大川隆法最新刊・霊言シリーズ

勝海舟の一刀両断！

霊言問答・リーダー論から外交戦略まで

幕末にあって時代を見通した勝海舟が甦り、今の政治・外交を斬る。厳しい批評のなかに、未来を切り拓く知性がきらめく。

第1章 侍精神を持って断行せよ

三つの条件で人材を見よ／マクロ認識のないマスコミが国を滅ぼす／日本は「半主権国家」である　ほか

第2章 説得力を高める智慧とは

自分を飾らず、本来の自分で行け／中国とは、どう付き合うべきか／なぜ、勝海舟は暗殺されなかったのか　ほか

1,400円

西郷隆盛 日本人への警告

この国の未来を憂う

西郷隆盛の憂国の情、英雄待望への激励が胸を打つ。日本を襲う経済・国防上の危機を明示し、この国を救う気概を問う。

第1章 沈みゆく日本を救うために

新たな国づくりのための指針／信念でもって人を動かせ　この国を背負う若者へのメッセージ　ほか

第2章 信念を持って、この国を護り抜け

未来の設計図を提示せよ／正義と政治のあるべき姿　中国が覇権を握ると日本はどうなるか　ほか

1,200円

※表示価格は本体価格（税別）です。

大川隆法ベストセラーズ・霊言シリーズ

一喝！ 吉田松陰の霊言

21世紀の志士たちへ

明治維新の原動力となった情熱、気迫、激誠の姿がここに！　指導者の心構えを説くとともに、日本を沈めようとする現政権を一喝する。

1,200円

龍馬降臨

幸福実現党・応援団長 龍馬が語る「日本再生ビジョン」

坂本龍馬の180分ロングインタビュー（霊言）を公開で緊急収録！　国難を救い、日本を再生させるための戦略を熱く語る。

1,300円

松下幸之助 日本を叱る

天上界からの緊急メッセージ

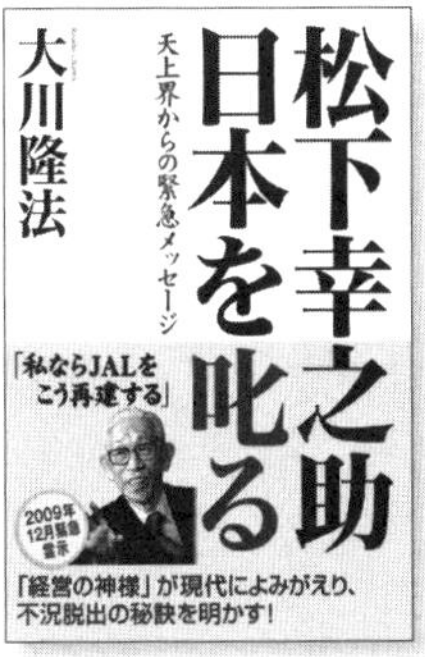

天上界の松下幸之助が語る「日本再生の秘策」。国難によって沈みゆく現代日本を、政治、経済、経営面から救う待望の書。

1,300円

大川隆法ベストセラーズ・希望の未来を創造する

危機に立つ日本

国難打破から未来創造へ

2009年「政権交代」が及ぼす国難の正体と、現政権の根本にある思想的な誤りを克明に描き出す。未来のための警鐘を鳴らし、希望への道筋を掲げた一書。

第1章　国難選挙と逆転思考
第2章　危機の中の経営
第3章　危機に立つ日本
第4章　日本沈没を防ぐために
第5章　世を照らす光となれ

1,400円

創造の法

常識を破壊し、新時代を拓く

斬新なアイデアを得る秘訣、究極のインスピレーション獲得法など、仕事や人生の付加価値を高める実践法が満載。業績不振、不況など難局を打開するヒントがここに。

第1章　創造的に生きよう
第2章　アイデアと仕事について
第3章　クリエイティブに生きる
第4章　インスピレーションと自助努力
第5章　新文明の潮流は止まらない

1,800円

※表示価格は本体価格(税別)です。

大川隆法 ベストセラーズ・混迷を打ち破る「未来ビジョン」

幸福実現党宣言

この国の未来をデザインする

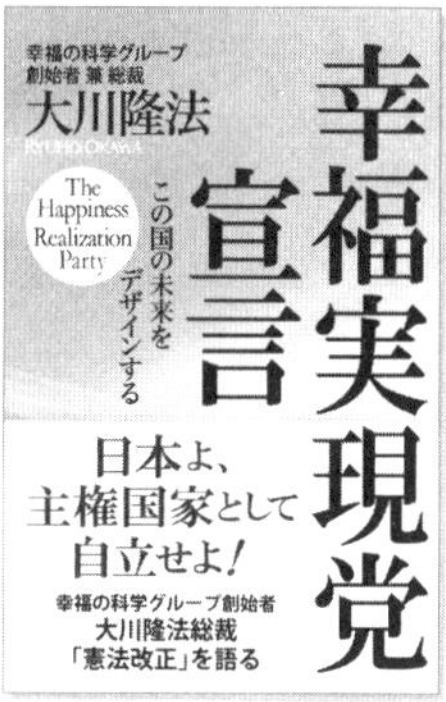

政治と宗教の真なる関係、「日本国憲法」を改正すべき理由など、日本が世界を牽引するために必要な、国家運営のあるべき姿を指し示す。

1,600円

政治の理想について

幸福実現党宣言②

幸福実現党の立党理念、政治の最高の理想、三億人国家構想、交通革命への提言など、この国と世界の未来を語る。

1,800円

政治に勇気を

幸福実現党宣言③

霊査によって明かされる「金正日の野望」とは? 気概のない政治家に活を入れる一書。孔明の霊言も収録。

1,600円

新・日本国憲法試案

幸福実現党宣言④

大統領制の導入、防衛軍の創設、公務員への能力制導入など、日本の未来を切り開く「新しい憲法」を提示する。

1,200円

夢のある国へ――幸福維新

幸福実現党宣言⑤

日本をもう一度、高度成長に導く政策、アジアに平和と繁栄をもたらす指針など、希望の未来への道筋を示す。

1,600円

大川隆法ベストセラーズ・神秘の扉を開く

世界紛争の真実

ミカエル vs. ムハンマド

米国(キリスト教)を援護するミカエルと、イスラム教開祖ムハンマドの霊言が、両文明衝突の真相を明かす。宗教の対立を乗り越えるための必読の書。

1,400円

エクソシスト入門

実録・悪魔との対話

悪霊を撃退するための心構えが説かれた悪魔祓《ばら》い入門書。宗教がなぜ必要なのか、その答えがここにある。

1,400円

「宇宙の法」入門

宇宙人とＵＦＯの真実

あの世で、宇宙にかかわる仕事をされている６人の霊人が語る、驚愕の事実。宇宙人の真実の姿、そして、宇宙から見た「地球の使命」が明かされる。

1,200円

※表示価格は本体価格(税別)です。

幸福の科学

あなたに幸福を、地球にユートピアを――
宗教法人「幸福の科学」は、
この世とあの世を貫く幸福を目指しています。

幸福の科学は、仏法真理《ぶっぽうしんり》に基づいて、まず自分自身が幸福になり、その幸福を、家庭に、地域に、国家に、そして世界に広げていくために創られた宗教です。

「愛とは与えるものである」「苦難・困難は魂を磨く砥石《といし》である」といった真理を知るだけでも、悩みや苦しみを解決する糸口がつかめ、幸福への一歩を踏み出すことができるでしょう。

この仏法真理を説かれている方が、大川隆法総裁です。かつてインドに釈尊《しゃくそん》として生まれ、ギリシャにヘルメスとして生まれ、人類を導かれてきた存在、主エル・カンターレが、現代の日本に下生《げしょう》され、救世の法を説かれているのです。

主を信じる人は、どなたでも幸福の科学に入会することができます。あなたも幸福の科学に集い、本当の幸福を見つけてみませんか。

幸福の科学の活動

● 全国および海外各地の精舎《しょうじゃ》、支部・拠点などで、大川隆法総裁の御法話拝聴会、祈願や研修などを開催しています。

● 精舎は、日常の喧騒《けんそう》を離れた「聖なる空間」です。心を深く見つめることで、疲れた心身をリフレッシュすることができます。

● 支部・拠点は「心の広場」です。さまざまな世代や職業の方が集まり、心の交流を行いながら、仏法真理を学んでいます。

幸福の科学入会のご案内

◆ 精舎、支部・拠点・布教所にて、入会式にのぞみます。入会された方には、経典《きょうてん》「入会版『正心法語《しょうしんほうご》』」が授与されます。

◆ 仏弟子としてさらに信仰を深めたい方は、三帰誓願式《さんきせいがんしき》を受けることができます。三帰誓願式とは、仏・法・僧の三宝《さんぽう》への帰依《きえ》を誓う儀式です。

◆ お申し込み方法等は、最寄りの精舎、支部・拠点・布教所、または左記までお問い合わせください。

幸福の科学サービスセンター
TEL 03-5793-1727
受付時間　火～金：一〇時～二〇時
　　　　　土・日：一〇時～一八時

大川隆法総裁の法話が掲載された、幸福の科学の小冊子（毎月１回発行）

月刊「幸福の科学」
幸福の科学の
教えと活動がわかる
総合情報誌

「ザ・伝道」
涙と感動の
幸福体験談

「ヘルメス・エンゼルズ」
親子で読んで
いっしょに成長する
心の教育誌

「ヤング・ブッダ」
学生・青年向け
ほんとうの自分
探究マガジン

幸福の科学の精舎、支部・拠点に用意しております。
詳細については下記の電話番号までお問い合わせください。

TEL 03-5793-1727

宗教法人 幸福の科学 ホームページ　**http://www.kofuku-no-kagaku.or.jp/**